À ma mère et mon père, Anne et Francis.

Dans la vie spirituelle, on parle de l'**Eveillé** comme du sage qui a pris pleinement conscience des choses.

Et si l'état d'éveil est celui de la conscience des autres et de soi, vous passez peut-être une partie de votre vie endormi.

Vos préoccupations permanentes et l'inquiétude qu'elles génèrent peuvent vous empêcher de développer votre propre personnalité et de voir les choses telles qu'elles sont.

Wake Up propose de vous réveiller en douceur, d'apprivoiser votre stress. Ce dernier est le limiteur de vie le plus efficace jamais inventé. Il vous paralyse, bloque votre réflexion, accélère le temps perçu et vous rend inefficace. Il vous fatigue et, dans les cas extrêmes, peut vous rendre malade.

Pire que tout, il travestit votre personnalité.

Il est nécessaire de travailler à le maîtriser. Pour votre santé d'abord, ou pour incarner celui ou celle que vous souhaitez être ou redevenir. Et cela pour votre bénéfice ou celui de vos proches.

Ce recueil propose des techniques et des pistes de réflexion comme des parallèles inhabituels afin d'être moins anxieux, plus présent et plus épanoui.

Le stress est un symptôme, supprimez la « maladie » qui le génère et il n'aura plus de raison d'être.

Certains conseils vous apporteront un soutien important et immédiat, d'autres à plus long terme, avec du travail. Des propositions, enfin, concerneront des problèmes qui ne sont pas les vôtres, merci d'être indulgent.

Comme un guide de voyage, ce livre est destiné à vous accompagner tout au long de la vie, à être recommencé à peine fini. N'hésitez pas à surligner les passages qui vous touchent pour mieux solliciter votre mémoire visuelle.

Je recommande de lire ce livre le plus lentement possible, pas plus d'un chapitre par jour, afin de ne travailler qu'un sujet à la fois et de mieux l'assimiler. Au besoin, à la fin de chaque partie, ce petit personnage en forme d'œuf vous rappellera que vous en avez assez lu.

Prenez conscience que vous travaillez sur votre savoir-être ; les changements prennent du temps. Ne vous imposez pas des rythmes ou des objectifs trop soutenus.

Devenez ou redevenez votre ami, votre coach, incitez-vous à avancer pas à pas, avec bienveillance. Prenez du plaisir à lire et expérimenter. Notez qu'**un seul conseil peut changer une vie**.

Si vous faites la démarche de lire des ouvrages comme celui-ci ou des articles, si vous mettez le doigt sur les causes de certains soucis, si vous travaillez et apprenez quelques ficelles pour mieux les gérer, alors, vous connaîtrez à nouveau des tensions, mais plus avec la même intensité. En bref, les symptômes pourront revenir mais pas la maladie.

Enfin, s'il vous faut ne retenir qu'une chose de ce guide, je vous propose celle-ci : si vous sentez que quelque chose vous rend meilleur, quelle que soit la difficulté physique ou psychologique de sa poursuite, **PERSEVEREZ**.

Avec toute mon affection
Bonne lecture

Votre cerveau, bien qu'infiniment plus complexe qu'un ordinateur, possède des points communs avec lui. Bien plus que vous ne l'imaginez.

Comme un ordinateur, plus votre cerveau gère de tâches en simultané, plus il consomme de l'énergie et plus son action est ralentie.

Vous est-il déjà arrivé de devoir fermer des « fenêtres » afin de permettre à un programme d'exécuter correctement une action ? Votre cerveau réagit de la même manière. Si vous avez mille pensées en tête, si en traitant la situation présente vous envisagez sans cesse des choses du passé ou de l'avenir, alors vous saturez votre mémoire vive et mettez en difficulté le traitement des tâches présentes.

Apprenez à observer combien de « fenêtres » sont ouvertes en simultané pour pouvoir ensuite les fermer.

Et comme un disque dur en surchauffe qu'on libère soudainement du traitement d'un tâche compliquée, vous aurez peut-être la divine surprise de voir cesser d'un coup un bruit de fond dont vous n'aviez pas conscience.

Je poursuis mon parallèle avec un ordinateur : pour qualifier les performances du cerveau ou de l'ordinateur, on peut utiliser des termes proches.

On pourra parler dans les deux cas de système organisé de connexions, de capacité de traitement de l'information (le QI et autres intelligences pour le cerveau, la mémoire vive pour l'ordinateur) ou de capacité de stockage (la mémoire pour le cerveau, la RAM[1] pour une machine).

Et dans les deux cas, même avec de bonnes spécifications techniques, impossible d'espérer optimiser le fonctionnement sans un bon système d'exploitation. Pour un humain, ce dernier désigne la manière dont il traite les informations et utilise ses ressources, en faisant notamment appel à ses émotions et ses jugements.

Modifiez votre système d'exploitation, travaillez à le changer, à modifier vos émotions, vos réactions et vos jugements, et avec la même machine, c'est-à-dire avec le même « vous », vous obtiendrez des résultats différents.

Vous avez appris à réagir en fonction des expériences vécues et de votre personnalité. Ces réactions ont façonné votre comportement.

Petit à petit, comme on rédige des lignes de code informatique, vous avez écrit des « programmes » qui régissent votre manière de penser.

La PNL[2], notamment, explique comment vous mettez en place tout au long de votre vie des programmes, des façons de penser, de ressentir et de vous comporter, codés et inscrits dans vos circuits neuronaux.

La surprise est que, comme pour un ordinateur, vous avez la possibilité de réécrire certaines lignes afin qu'une même action provoque une réaction différente.

Les spécialistes appellent l'extraordinaire capacité du cerveau à se reprogrammer la neuroplasticité.

(1) : Random Access Memory : type de mémoire qui équipe tout ordinateur
(2) : Programmation Neuro Linguistique : modèle de réalisation de vie basé sur l'étude des réussites

Ainsi, demain, des actions courantes (*passer un coup de téléphone par exemple*) pourront ne plus provoquer automatiquement les mêmes réponses (*vous sentir angoissé, ridicule etc…*). En vous observant, en appliquant quelques techniques, en souhaitant modifier la manière dont vous ressentez les choses, vous pouvez changer.

Combien de temps faut-il pour évoluer ?

Le temps nécessaire à modifier une habitude, à faire un nouvel ancrage, dépend de la profondeur de son ancrage comme de la dépendance qu'elle entraîne (psychologique ou physique).
Le chirurgien Maxwell Maltz a étudié le temps que mettent les amputés à s'habituer à leur nouvelle condition. Il en a déduit qu'il faut en moyenne 21 jours pour intégrer un changement. Hal Helrod, auteur du Miracle Morning, avance qu'il faut plutôt 30 jours pour le faire. Il décompose ce délai en 10 jours de sensations insupportables, où le Mental met tout en œuvre pour vous faire croire que ce changement sera un calvaire sans fin, suivis de 10 jours désagréables et enfin de 10 jours d'ancrage où la nouvelle habitude s'installe.

Il ne sert toutefois à rien de vous dévaloriser si vous essayez quelque chose pendant deux ou trois semaines et que cela ne devient pas une habitude.
C'est peut-être le signe qu'adopter cette nouvelle manière d'agir doit prendre davantage de temps.
Ce dernier est votre allié dans le changement. Modifier votre comportement passe souvent par de petits progrès, pas à pas.

Vous n'êtes pas non plus obligé d'être parfait pendant votre apprentissage. Donnez-vous la permission de faire des écarts. S'égarer une fois ou deux n'a pas d'impact sur votre capacité à réussir à long terme et vous aidera à développer des stratégies pour vous remettre sur le droit chemin.

Comment se transformer ?

« Sème un acte et tu récolteras une habitude ; sème une habitude et tu récolteras un caractère ; sème un caractère et tu récolteras une destinée »

Dalaï Lama

Pour changer, vos actions et votre motivation ne sont pas juste nécessaires, elles sont indispensables. Plus vous serez tenace, plus le changement sera profond et durable.

Seule votre volonté, couplée à la patience, permettra à votre esprit de transformer votre désir de changement en besoin. Motivé, votre esprit y travaillera alors en permanence, autant consciemment qu'inconsciemment.

Changer de vie, c'est d'abord changer de point de vue. Ouvrez définitivement votre esprit à l'observation de vous-même. Regardez-vous en permanence, comme si vous étiez une autre personne et apprenez de vous.

Tout le monde peut-il évoluer ?

Vous connaissez la réponse à cette question, au fond de vous.

Selon les âges de votre vie, selon le contexte dans lequel vous avez vécu, vous avez déjà pensé et agi d'une manière totalement différente de celle d'aujourd'hui.

Plus jeune, vous avez peut-être été plus expansif, plus drôle ou alors plus renfermé, plus intransigeant. Et les expériences de la vie vous ont changé.

Le monde foisonne de personnes qui ont changé, qui ont donné à leur vie un tour différent suite à un évènement ou à une prise de conscience.

Vous pouvez vous développer

Certains pensent qu'ils n'y arriveront pas, que leur cas est plus grave que celui des autres, qu'ils sont plus stressés que la moyenne, que la méditation, la lecture et les exercices de développement ne sont pas à leur portée car ils sont trop fébriles pour être réceptifs. Ce schéma de pensée est souvent un piège.

Si vous souhaitez vivre de manière plus sereine, être plus en harmonie avec vous-même, une chose est sûre : vous pouvez évoluer, et cela indépendamment du temps que cela prend ou des difficultés rencontrées.

Vous êtes angoissé ? Alors, c'est une bonne nouvelle, vous faîtes partie de l'immense majorité des humains et vous pouvez progresser. Regardez autour de vous à quel point vous n'êtes pas seul à ressentir le stress ; il existe même chez certains qui ont l'air de tout gérer avec philosophie.
Et même si vous êtes plus stressé que la moyenne, alors votre capacité de développement et votre motivation sont supérieures. Si vous vous en donnez les moyens, vous dépasserez, plus vite que vous ne le pensez, ceux qui vivent sur leurs acquis, n'ont pas la même obligation de progrès et de développement de nouvelles stratégies que vous.
Bref, vous pouvez changer.

Chapitre 2
L'escalier de la connaissance

« Être conscient de son ignorance est le premier pas vers la connaissance »
Benjamin Disraeli

Le modèle de l'escalier s'inspire des quatre étapes de l'enseignement décrites en PNL[1] allant de l'incompétent inconscient au compétent inconscient.

L'escalier est capital pour trois raisons :

- Son principe régit tous vos acquis depuis votre venue au monde, de l'apprentissage de la marche et du langage jusqu'aux enseignements de la semaine dernière
- L'escalier apprend qu'être conscient de ne pas savoir faire une chose est déjà une étape vers sa réalisation
- L'escalier cache un secret magique : il ne fonctionne que dans le sens de la montée

L'escalier apprend que si vous avez franchi une marche, vaincu une difficulté, cette dernière peut revenir mais vous ne redescendrez jamais plus bas que le dernier niveau atteint.

(1) : Programmation Neuro Linguistique

Le passage d'une marche à l'autre a nécessité un travail qui a modifié vos programmes, permis de nouvelles associations de pensée et fait de vous, au final, quelqu'un de différent.

Le modèle de l'escalier

L'escalier comporte 4 niveaux schématisés comme suit (en partant du bas) :

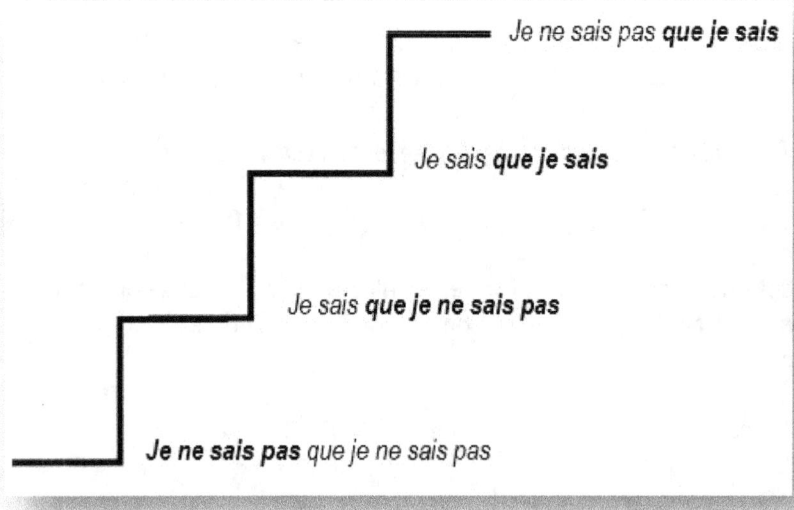

*Niveau 1 : **Je ne sais pas** que je ne sais pas*

Au niveau 1, vous n'avez pas conscience de ne pas savoir faire quelque chose.
Au niveau 1 de la connaissance du langage, par exemple, vous êtes un bébé entouré de présences bruyantes. Vous n'avez pas plus conscience du fait que ces bruits constituent un langage que du fait que vous ne maîtrisez pas cette technique.

Autre exemple : vous êtes doué pour engager la conversation, mais vous n'avez pas connaissance de votre manque d'écoute. Vous en êtes alors au niveau 1 sur cet item. Les indices que vous percevez liés à votre comportement ou les difficultés rencontrées ne vous ont jamais amené à porter ce problème à votre conscience.

Cette difficulté provoque peut-être des malaises dans vos relations que vous percevez sans en connaître la cause. Et votre Mental adore vous torturer avec des difficultés perçues mais non conscientisées.

Il suffit alors que, par votre analyse ou par le retour d'un de vos proches, vous mettiez le doigt sur ce souci et décidiez d'en convenir et vous serez déjà sur la marche suivante.

Niveau 2 : Je sais que **je ne sais pas**

Au niveau 2, vous êtes plus malin. Vous savez que vous ne savez pas faire.
Vous savez, par exemple, que vous ne savez pas vous faire comprendre d'autrui. Et c'est déjà un grand pas. D'autres passeront le reste de leur vie au niveau inférieur.
Cette étape est cruciale puisqu'elle vous offre enfin le choix. Vous pouvez décider de rester sur cette marche ou mobiliser votre énergie pour monter au niveau supérieur.

Niveau 3 : **Je sais** que je sais

Entre le niveau 2 et le niveau 3, quelque chose s'est mis en marche. Soit vous avez cheminé naturellement, soit vous avez entrepris un travail plus ou moins important.
Dans tous les cas, vous pouvez maintenant faire la chose que vous ne saviez pas faire, comme par exemple exprimer clairement vos idées.

Votre connaissance est encore imparfaite et vous ne réussissez pas à tous les coups.

Mettre en œuvre vos stratégies n'est pas encore naturel, mais vous avez au moins un succès à votre actif et c'est assez pour vous ancrer à ce niveau : vous savez maintenant qu'il vous est possible de faire.

Pour passer au dernier niveau, un dernier effort est nécessaire : persévérer.

Niveau 4 : Je ne sais pas **que je sais**

Au niveau 4, vous pratiquez la chose avec succès depuis assez longtemps pour que votre esprit cesse de vous rappeler sans cesse les clefs du succès et les ajustements nécessaires. Faire vous est devenu naturel, comme lire, parler ou faire du vélo. En bref, vous savez faire sans vous poser de questions.

Les enseignements de l'escalier

Chaque niveau de l'escalier est familier à ceux qui acquièrent une nouvelle connaissance.

L'escalier apprend que pour franchir votre première marche il faut commencer par connaître ce que vous ne savez pas faire. Il faut donc vous observer.

Ce conseil est valable pour l'ensemble des sujets abordés dans ce livre : pour progresser durablement, <u>observez la manière dont vous fonctionnez</u> et <u>tenez cette habitude</u>.

Si vous souhaitez ensuite résoudre le problème que vous avez observé et monter la marche suivante, vous pouvez vous aider de la partie *« Posez vos problèmes » page 75*.

Le grand enseignement de l'escalier est qu'avoir conscience de ne pas
savoir faire n'est pas le niveau le plus bas du processus. Vous avez
déjà franchi une marche et les suivantes vous attendent.
Vous savez que vous ne savez pas ? Alors vous avez progressé.

Chapitre 3
Mécanismes du stress

« Une mauvaise herbe est une herbe dont on n'a pas compris les vertus »
Proverbe africain

Avant d'aller plus loin dans la maîtrise du stress, il est intéressant de mieux le connaître. C'est un dragon terrifiant qui, apprivoisé, peut devenir un animal de compagnie.

Qu'est-ce que le stress ?

Le stress est un mécanisme archaïque bénéfique à l'homme. Sans lui, l'humanité n'aurait jamais réussi à surmonter les défis de son environnement et à se développer. Sans le stress de ne pas remarquer la présence d'un prédateur ou d'une proie, votre ancêtre n'aurait pas mobilisé autant de ressources pour se tenir debout.

Le stress est un symptôme physique, qui découle d'une pensée ou d'un évènement. Il prépare le corps à répondre à un défi ou une menace. Différentes hormones accroissent votre tension nerveuse, votre température et votre rythme cardiaque pour mobiliser vos énergies mentales et physiques.

Bref, le stress est un ami qui vous veut du bien.

Quel est le principal déclencheur du stress ?

Le stress peut être envisagé comme un décalage entre l'objectif que vous vous donnez et les moyens dont vous estimez disposer pour l'atteindre.
En clair : plus votre objectif est haut, plus il est éloigné de vos capacités, plus il dépend des autres ou de facteurs impondérables, plus vous allez ressentir de stress dans sa poursuite.

Pourquoi le stress pose-t-il problème ?

Souci de fréquence d'exposition à la pression

Les difficultés peuvent venir de votre fréquence d'exposition au stress. Vous savez répondre ponctuellement à une angoisse mais vous pouvez avoir du mal à tenir la distance lorsque votre environnement devient durablement menaçant.
Dans ce cas, la répétition des mécanismes de défense épuise votre esprit autant que votre corps et rend votre gestion de la pression de moins en moins efficace.
Le « Burn Out » est la conséquence extrême d'une trop longue exposition au stress. Dans ce cas, le couple physique/mental est littéralement « brûlé » Vous êtes en état d'épuisement et incapable de mobiliser vos énergies pour faire face.

Souci d'appréciation de la pression

Le stress survient dès lors que votre Mental perçoit une menace ou un défi que vous jugez difficile à relever.

Les difficultés s'accroissent lorsque votre esprit peine à faire la différence entre une menace réelle et une pression légère, voire normale au regard de la situation que vous vivez.

Dans ce cas, votre organisme va réagir avec toute la gamme de ses systèmes défensifs pour traiter une situation qui n'en vaut pas la peine.

Si votre Mental peine durablement à évaluer les évènements, il risque de considérer votre quotidien comme une menace et déclencher en vous journellement des réactions normalement destinées à faire face à des risques vitaux. Il abusera de la libération de divers enzymes comme les catécholamines, provoquant l'accélération de votre rythme cardiaque, la montée de votre température, la tétanisation de vos muscles ou l'assèchement de vos muqueuses pour faire face à des incidents aussi peu dangereux pour votre vie que présenter le lendemain un rapport à votre chef ou supporter votre entourage.

Vue de cette manière, la chose peut faire sourire, mais les effets de ce décalage sont mauvais et vous épuisent. Ce type de stress, cette surréaction face à des incidents ne vous sont d'aucune utilité et, pire, s'avèrent contre-productifs.

EXERCICE 1 : RELATIVISEZ VOS SOURCES DE STRESS

Observez les raisons de votre stress.
Un échec vous mettrait-il en danger gravement ou physiquement ? Non ? Alors foncez ! Vous saurez vous remettre d'une éventuelle non-réussite. D'autant que, vous l'avez déjà constaté, 99% des choses se passent différemment et mieux dans la vie réelle que dans votre imagination.

EXERCICE 2 : TRAVAILLEZ SUR VOS ANGOISSES PERSONNELLES

Avez-vous des angoisses propres, qui semblent anodines à la majorité de vos proches ?

Travaillez sur celles-là en priorité, par exemple en les posant comme un problème classique (voir page 75).

Souci lié à la volonté de bien faire, d'être aimé

Le stress touche bien plus fortement les personnes qui ont à cœur de remplir leurs objectifs, donc par extension celles qui souhaitent bien faire, être appréciées ou aimées.

Pour mieux supporter les soucis liés à votre volonté d'être apprécié ou aimé, vous pouvez travailler à comprendre ce que cette dernière traduit, puis accepter de déplaire ou de dire non.

Quelles attitudes adoptez-vous face au stress ?

Face à un danger, vous partagez avec une grande partie du règne animal 3 types de réactions :

- La fuite
- L'action (dont l'attaque)
- L'inhibition de l'action

En situation de stress, vous êtes forcé de faire un choix. Il est intéressant de repérer le comportement que vous adoptez afin de le modifier au besoin. Il n'y a pas de meilleure ou de moins bonne solution mais plutôt de plus ou moins adaptée.

La fuite

La fuite a pour but d'éviter la menace.
Elle peut être une bonne solution.
Elle est toutefois à réserver aux rapports de force disproportionnés, à des moments où votre énergie est trop basse pour combattre ou à des situations demandant de réfléchir avant d'agir.

L'action

L'action permet d'affronter la situation.
Choisissez au maximum cette solution. Elle est souvent gratifiante et permet d'avancer les choses.
Dites des choses, libérez votre parole, posez clairement les problèmes et menez les actions qui vous font avancer.
Il vaut mieux vous tromper que de ne pas agir. L'erreur fait partie intégrante de l'action. Vous ne devez pas tout savoir pour agir.

L'attaque, quant à elle, est une réaction classique. On dit parfois qu'il s'agit de la meilleure défense.
Prenez toutefois garde à la colère qui peut être mauvaise conseillère et traduit souvent une exaspération envers vous-même, une frustration.

L'inhibition de l'action

L'inhibition de l'action est complexe. C'est le comportement du lapin pris dans les phares d'une voiture, un mix de renoncement, de confusion extrême face à l'impossibilité de trouver une solution, et d'immobilisme dans le but de passer inaperçu.
Il s'agit d'une réaction, mais pas d'une solution. Elle ne permet pas de faire avancer les choses.
Choisir l'inhibition de l'action peut venir de votre enfance. Depuis tout petit, on vous a peut-être demandé de ne pas bouger, de ne pas crier, de ne pas réagir vivement, de ne pas être agressif, de ne pas faire de vagues, de ne pas blesser ou de ne pas faire de bruit. À l'extrême, la société ou vos parents vous ont demandé de ne pas être vous-même.

Face à une pression, vous êtes donc parfois bloqué, tétanisé. Quelle réaction adopter sans déplaire, sans se tromper, sans paraître agressif, sans blesser ?

En plus de ne pas aider à la résolution de vos difficultés, cette manière d'agir (ou de ne pas agir) pose de gros soucis à votre Inconscient. L'absence d'action lui est intolérable. Il ne supporte pas les décalages entre votre personnalité et vos actes et sait vous faire savoir que vous n'êtes pas en phase avec vous-même, pas honnête envers vous ou les autres, et que vous vous mettez en danger par votre comportement. Pour vous le faire savoir, il utilise le mode d'expression qui est à sa disposition : anxiété, instabilité, troubles du sommeil, etc.

PROCRASTINER

Procrastiner, remettre au lendemain, est un petit travers anodin, plutôt bien accepté socialement et peut-être par vous-même. Attention ! Procrastiner est plus sournois qu'il n'y paraît. C'est une forme d'inhibition de l'action et donc de comportement intolérable pour votre Inconscient. Mesurez les immenses bénéfices que vous pouvez tirer à ne plus le faire.
La procrastination est le report d'une action d'une journée à l'autre, mais aussi d'un moment à l'autre de la journée.
Vous reportez une tache à plus tard, quand vous serez plus alerte ou plus armé. C'est un piège que vous tend votre esprit. Plus tard, vous murmure-t-il, vous seriez mieux disposé, mieux informé. Mais ce moment ne vient pas toujours, voire jamais. Agir plus tard est souvent agir trop tard.

Votre Mental tente de vous dissuader d'agir par flemme de s'y mettre, par peur de gérer un conflit... Pendant ce temps, la pensée de l'action déplaisante ne vous quitte pas et vous irrite. Pourtant, vous choisissez parfois cette option. Vous repoussez les choses les plus stressantes, les moins agréables, les plus longues ; celles-là même qu'il faudrait faire de suite.
Libérez-vous d'un poids inutile et lâchez une grande partie de vos tensions en faisant avancer ce qui en a besoin.

« La nuit porte conseil » doit être votre maxime uniquement par exception. Ne retardez pas systématiquement le traitement des choses qui vous angoissent. Sachez que les choses sont très souvent moins dures et moins longues à faire qu'elles n'y paraissent.
Demandez-vous : « Que voudrais-je absolument avoir fait avant ce soir ? » et concentrez-vous dessus avant tout le reste.

Toute action, même minime (échanger une parole, préparer un document, obtenir une précision) permet de satisfaire l'esprit, de préciser les contours d'une tâche à accomplir et donc de baisser la tension. Et même si vous ne pouvez apporter dans l'immédiat qu'une demi-solution à votre souci, vous n'aurez plus qu'un demi-souci à porter.

Voyager dans le temps

Le cerveau perçoit la durée du temps en fonction du nombre d'évènements marquants qui s'y sont déroulés et de leur intensité. Sans doute, préoccupé par votre Mental, vous êtes-vous déjà rendu sans vous en rendre compte d'un point A à un point B. Peut-être êtes-vous passé d'une heure X à une heure Y sans avoir conscience d'aucune minute. Le stress fait tourner votre esprit en boucle autour d'un certain nombre d'idées répétitives. Il laisse peu de place, voire pas du tout, à ce qui vous entoure.
Bref, il minimise la perception des évènements qui font votre quotidien et accélère ainsi le temps perçu.
Votre environnement est source de plaisir, de rencontres, d'échanges. Profitez-en, libérez votre esprit. Moins préoccupé, vous pouvez accroître votre conscience de l'instant et remarquer davantage d'évènements qui font votre vie. Vos journées sembleront plus longues. Sans le savoir, vous avez entre les mains une machine à voyager dans le temps.

Y-a-t-il un bon et un mauvais stress ?

Certaines situations de stress vous boostent et d'autres vous bloquent. Cela ne tient pas à la situation elle-même, mais à la manière dont vous la ressentez. Vous avez peut-être pu constater au cours de vos études que la nécessité de rendre un devoir important pour le lendemain rendait certains étudiants fébriles et d'autres pleins d'élan.

Le bon stress est celui qui génère du plaisir. La pression est ressentie comme un défi et booste vos capacités.

Le mauvais stress génère de la peur. La contrainte est ressentie comme une menace et vous affaiblit.

Parvenir à trouver du plaisir dans la pression vous permettra de tirer le meilleur parti de vous-même.

Bref, même lorsque vous ne pouvez pas faire baisser la pression, vous pouvez travailler à la comprendre, à agir et à mieux la supporter. Si vous n'êtes pas toujours responsables des évènements, vous l'êtes des émotions qu'ils créent en vous.

Chapitre 4

Techniques pour lâcher le Mental

Le « Mental » est un système archaïque, comme le stress. Il analyse et produit des pensées.

Le Mental vous fait revivre des moments du passé pour mieux les comprendre ou anticiper des évènements futurs pour mieux vous y préparer. Au passage, il vous livre ses réflexions et ses recommandations.

Bref, comme le stress, le Mental est un mécanisme vertueux. Toutefois, comme certains médicaments, il provoque des effets secondaires.

Chaque jour, l'esprit produit 60 000 pensées[1], soit une pensée par seconde pour chaque heure de veille. 95% de ces pensées seraient récurrentes et 80% négatives. Et lorsque votre Mental produit une pensée angoissante, celle-ci entraîne un stress qui impacte votre corps. C'est dire si l'usine à réfléchir se transforme souvent en usine à générer un stress stérile.

Les difficultés surviennent lorsque votre Mental sur-réagit, encombrant l'esprit de situations passés humiliantes, anticipant des catastrophes et créant des pensées limitantes.

(1) : d'après le Dr Daniel Amen, psychiatre et spécialiste du cerveau

Dans ce cas, pour retrouver un peu de sérénité, il faut remettre le « Mental » à sa juste place : celle d'une aide bénéfique à l'analyse qui n'entraîne pas forcément de stress. Vous ne devez plus lui permettre d'être une usine à générer de l'angoisse. La première étape sera de lâcher prise.

Quelles techniques utiliser pour se libérer du Mental ?

Avant d'aller plus loin, vous avez peut-être besoin rapidement de techniques libératrices. Elles peuvent vous aider à débrancher afin d'avoir l'esprit plus libre, plus serein et vous ancrer davantage dans le moment présent.
Elles peuvent se pratiquer à n'importe quel moment de la journée, que vous soyez seul ou non. Attention, certaines peuvent s'avérer très efficaces et provoquer une addiction☺.

Comme dans l'ensemble de cet ouvrage, les techniques proposées peuvent être alternées. Celle qui marche à un moment ne marche peut-être pas à un autre. Et certaines peuvent ne pas fonctionner avec vous. Vous pouvez, bien-entendu, développer vos propres stratégies.

Ressentez votre corps

Si votre esprit produit des milliers de pensées, il n'est capable de n'en avoir qu'une à la fois. En bref, si vous parvenez à remplacer une pensée négative par une autre, vous vous libérez. En PNL[1], l'approche tête-cœur-corps incite à se laisser guider de manière équilibrée par les pensées (tête), les émotions (cœur) et le corps.
Un des moyens efficaces de débrancher votre cerveau sera donc de vous brancher sur votre corps, ce qui vous reconnectera à l'instant présent.

[1] : Programmation Neuro Linguistique

Concentrez-vous sur les multiples ressentis que votre corps vous envoie, sur une zone particulière (dos, pied, mains…) ou sur votre respiration (en la comptant dans votre tête par exemple).

Ecoutez

Du temps ou l'homme était chasseur (ou chassé), écouter était une technique vitale, focalisant toute l'attention. De nos jours, les vertus de l'écoute sont restées.
Alors, où que vous soyez et quoi que vous fassiez, donnez-vous la peine d'écouter vraiment. Portez votre attention sur les sons ambiants : un cri d'enfant, un chant d'oiseau, une conversation, un bruit de voiture etc..
Vous entendrez mille choses insoupçonnées et gagnerez de précieuses minutes de paix intérieure (dans cette bataille, chaque seconde de répit gagnée au Mental compte).

Que n'aurais-je pas vu ?

Guetter, regarder avec attention a été une autre occupation salutaire pour l'homme, difficile à concilier avec toute activité du Mental.
Mais force est de constater que si vous écoutez parfois sans entendre, vous regardez aussi sans voir.

Balayez les choses qui vous entourent de votre regard et posez-vous cette question : « Que n'aurais-je pas vu si je n'avais pas bien regardé » ? Cherchez toutes sortes de détails que vous n'auriez pas remarqués, absorbé par vos pensées. Attendez-vous à des surprises. Pris dans votre dialogue intérieur, vous passez à côté de milliers de choses, d'architectures, de personnes, de paysages. Etre touché par la beauté des choses est un excellent signe d'attention.

Peut-être découvrirez-vous que l'un des plus beaux spectacles qui nous soit donné en permanence est celui des nuages dans leur infinie variété de formes et d'éclairages. Marchez dans la rue avec un enfant, c'est le genre de spectacle qu'il ne ratera pas. Il verra aussi d'ailleurs des chats, des gros messieurs, des SDF, des arbres… pourquoi pas vous ?

No comment

Avez-vous déjà visionné les séquences « No Comment » de la chaine de TV Euronews ? Ces vidéos ne sont accompagnées d'aucun commentaire ni musique, juste le son naturel des évènements. Les images paraissent souvent dédramatisées, peuplées de temps morts et ouvrent la porte à un jugement personnel.
Vous aimeriez sans doute percevoir plus souvent votre quotidien de cette manière : dédramatisé, ralenti et pris avec recul. Votre Mental est un peu le « reporter » qui vous accompagne en permanence. À votre insu, il commente et juge tout ce que vous voyez. Il verbalise. Pourriez-vous couper le son ?
Faites l'exercice (pas toujours évident au début) de regarder autour de vous sans faire aucun commentaire dans votre tête.
Promenez votre regard sur les gens et les choses sans les catégoriser ni les juger. Vous serez étonné par le silence qui se dégage de vos visions.
Effet garanti et petit pas vers un monde moins mentalisé.

Que se passerait-t-il si vous perdiez cette préoccupation ?

Des milliers de choses, anodines ou majeures, occupent votre esprit chaque jour. Chacune d'elle consomme un peu de votre énergie, qui n'est pas infinie.
Passé un certain nombre de préoccupations simultanées à traiter, il ne vous reste plus aucune place pour en accueillir de nouvelles et vous êtes bloqué. Vous avez peut-être déjà vu quelqu'un incapable de prendre une décision simple, l'esprit saturé par ses pensées.

Il est peut-être urgent de vous demander lesquelles de vos inquiétudes récurrentes sont utiles pour vous.
Le meilleur moyen de faire le tri est de vous poser la question : « Que se passera-t-il si je n'ai plus cette préoccupation ? »

Que se passerait-il, par exemple, si vous rappeliez moins de choses à vos enfants, si vous contrôliez moins votre conjoint pour vous assurer de telle ou telle chose, si vous regardiez moins fréquemment vos mails, si vous étiez moins maniaque, moins perfectionniste, moins présent au travail ? Une grande partie de votre énergie n'est-elle pas dépensée à perte (en plus de pomper celle des autres et de brider leur autonomie) ? N'êtes-vous pas parfois malveillant avec vous-même en essayant le contraire ? Ne vous saturez-vous pas en permanence l'esprit, en plus de vous frustrer, en essayant d'être sur tous les fronts ? Une seule solution pour le savoir : vous demander souvent et avec un maximum d'objectivité : « Que se passerait-il si je lâchais ces préoccupations ?».

Peut-être découvrirez-vous avec plaisir que lever le pied change peu le résultat et vous allège sérieusement l'esprit.

Que se passerait-t-il si vous échouiez ?

Il peut s'avérer utile de relativiser l'émotion véhiculée par une pensée en imaginant clairement les conséquence d'un échec.
La question devient alors : *« Que se passerait-il si j'échouais dans ce que j''entreprends ? »*
La réponse vous permettra sans doute de relativiser certaines situtations, de réaliser qu'échouer ne vous mettrait pas en danger de manière aussi vitale que votre Mental tente de vous le faire croire.

Observez vos émotions

Prêter attention à une émotion est votre meilleure manière de la désactiver.

C'est ce qu'on appelle la défusion, le fait de cesser de se considérer en fusion, de ne faire qu'un avec vos émotions, de vous identifier à elles. Observez vos émotions comme si elles n'étaient pas les vôtres.

Que ressentez-vous, à quoi pensez-vous, qu'est-ce qui vous inquiète ? Combien de sujets occupent votre esprit en même temps ? Dans quelle partie de votre tête semblent se loger les sujets qui vous préoccupent ?

Focalisez votre attention sur ce point revenez-y doucement et gentiment chaque fois que déviez. Cessez lorsque vous vous sentez plus calme.

Notez

Comme on pose une valise pour souffler, le simple fait de noter les sujets qui vous occupent peut vous rendre plus léger. Votre Inconscient sera heureux de vous voir agir et vos soucis seront mieux rangés sur du papier, un ordinateur ou un téléphone que dans votre esprit.
Enfin, comme l'idée, l'action à mener ou la préoccupation sera facilement accessible, vous éviterez à votre Mental l'effet « rooming », une activité mentale permanente dans le but de ne pas oublier.

Détendez-vous

N'importe où et n'importe quand dans la journée, la soirée ou la nuit, faites une pause Kit-Kat avec votre Mental ☺.
La méthode paraît simpliste mais ses effets grands. Votre esprit apprendra vite à l'exploiter au mieux.
Fermez les yeux et imaginez des situations, des odeurs ou des bruits apaisants. Visualisez votre couleur fétiche, l'odeur d'une madeleine, le rire de vos amis. Tout est bon et à consommer sans modération.

Tenez un jour

Encaisser dans la durée votre niveau de contraintes actuel vous semble lourd à porter ? Persuadez-vous que vous n'avez qu'un jour à tenir… tout peut se supporter un jour. Recommencez la méthode dès le lendemain si nécessaire.

Retour vers le futur

Inspiré du film éponyme. Persuadez-vous que vous venez de votre propre futur. Considérez avec plaisir et nostalgie les gens et les évènements qui émaillent votre quotidien, comme s'il vous était donné de revivre avec gourmandise un jour béni de votre passé.

Riez

Un adulte rirait vingt fois moins qu'un enfant. Pourtant, dix minutes de rire valent une heure de méditation ou d'aviron.
Le rire est un antidote naturel contre le stress aux propriétés infinies : il oxygène le cerveau, relaxe les muscles, sécrète des endorphines, prévient insomnies et depression, stabilise le rythme cardiaque et diminue la pression artérielle, renforce le système immuntaire, réduit la douleur, stimule la positivité et confiance en soi, favorise les relations sociales, la digestion et même l'énergie sexuelle. Que demander de plus ?

Ses effets n'ont pas manqué d'être remarqués par les médecins depuis Hippocrate jusqu'au Dr Kataria, médecin généraliste de Mumbay, qui, sensibilisé aux bénéfices du rire sur ses patients, créa la méthode mondialement connue du yoga du rire.

Alors, si vous le pouvez, riez une minute par jour, n'importe où, avec ou sans raison, devant un film, entre amis devant votre miroir.

Vous n'êtes même pas obligé de trouver des sujetsP de rire : les bienfaits de ce dernier se font sentir autant en cas de rire naturel que forcé, votre esprit faisant mal la différence.

Encore plus fort : si votre environnement ne se prête pas à un rire ouvert et franc (réunion guindée, conduite, nuit noire etc.) vous pouvez rire dans votre tête avec un bénéfice similaire.

Et retenez qu'à défaut de rire, sourire, c'est déjà pas mal… ☺

Chapitre 5
Lâchez prise

« Retenir équivaut à croire qu'il y a seulement un passé ; lâcher prise c'est savoir qu'il y a un avenir. »

Daphné Kigma

Lâcher prise ne vous est pas étranger. Vous le faites au moins une fois par jour, sinon il vous serait impossible de vous endormir.

Le chapitre précédent proposait des techniques pour vous libérer du Mental. Cette partie-ci tourne autour du même thème au travers d'un prisme différent. Lâcher prise, sous-entend ici se défaire d'une « Prise » dont la définition est la suivante : « une pensée qui provoque une angoisse ».

RECONNAISSEZ VOS PRISES ET LEURS CONSEQUENCES
NDL : EXERCICE FONDAMENTAL

Prenez le temps de jeter sur le papier vos « Prises » les plus récurrentes, vos angoisses qui reviennent le plus souvent.
Vous pouvez être large ou précis dans la spécification de votre « Prise », selon que vous vouliez vous défaire d'une angoisse générale ou particulière.

Si vous êtes craintif, « La peur de tout » peut être considérée comme une Prise mais « la peur du conflit » est plus précise et « la peur du conflit avec mon voisin » est encore plus pointue. Plus vous êtes fin dans votre formulation, plus vous traitez finement votre problème. Nommez vos prises comme vous voulez, de manière humoristique si besoin, à partir du moment où elles sont claires pour vous.

DIFFRENTS TYPES DE PRISES

- *La Prise du « Travail Perpétuel » : penser à son travail en tout temps et en tout lieu*
- *La Prise du « Monsieur Parfait » : vouloir être parfait, tout savoir et tout connaître*
- *La Prise de « l'Enfant » : s'assujettir en permanence à l'autorité des autres*
- *La Prise du « Mail Maléfique » : être angoissé par la lecture de ses emails*
- *…*

Vous pouvez rechercher vos prises au travers des « drivers » décrits par l'analyse transactionnelle : « Sois parfait », « Sois fort », « Fais des efforts », « Dépêche-toi », « Fais plaisir ».
Lorsque vous tenez vos prises, notez leurs conséquences néfastes.

CONSEQUENCES NEFASTES D'UNE PRISE

- *La Prise du « Travail Perpétuel » vous empêche de déconnecter, de vous reposer, de profiter des autres*
- *La Prise du « Monsieur Parfait » vous empêche d'exprimer vos propres sentiments, votre personnalité et vous remplit de frustrations*
- *La Prise de « l'Enfant » vous empêche de prendre des décisions et vous renvoie une mauvaise image de vous*
- *La Prise du « Mail Maléfique » vous empêche de lire sereinement vos mails et impose une angoisse inutile*
- *…*

Une fois ce travail terminé, considérez-le comme une étape. Suivez le même cheminement chaque fois qu'une nouvelle prise surgit : nommez-la et nommez ses conséquences. Vous pouvez aussi vous apercevoir que certains problèmes que vous rencontrez dépendent de plusieurs Prises – des Prises multiples ☺.

PRISES MULTIPLES

Le malaise que vous ressentez systématiquement envers votre manager peut venir de la Prise de « Monsieur Parfait » qui vous place dans la crainte de ne pas savoir répondre à une question.
Il peut aussi provenir de la prise de « l'Enfant » qui vous rend peu sûr de vous et dépendant de la décision des autres.

Vous verrez que les mêmes prises reviennent souvent. N'hésitez pas à compter le nombre d'entre elles qui occupent simultanément votre esprit, vous serez parfois surpris de leur nombre et donc de votre charge mentale.

Comment débrancher vos Prises ?

Si une Prise est récurrente et vous handicape, adressez-vous mentalement à elle avec la plus grande fermeté. Dites-lui à quel point elle ne vous aide pas et expliquez-lui pourquoi. Dressez les conséquences néfastes de son existence et expliquez-lui comment, en cherchant à vous aider, cette Prise vous pourrit la vie. Demandez-lui de ne plus vous importuner.

N'hésitez pas à lui parler crûment. Bien entendu, vous ne parlerez pas à une « Prise », vous vous adresserez à votre Mental, mais le fait de personnifier votre Prise vous aidera à mieux la cibler.

D'autres méthodes pour lâcher prise

Il est utile de posséder une palette de solutions au cas où une de vos Prises résiste ou simplement pour varier les angles d'attaque. À vous de choisir l'arme la plus efficace au moment opportun ou d'inventer la vôtre, comme il est de mise dans cet ouvrage.

Acceptez la Prise

La Prise suit toujours le même cycle, un cycle naturel. Elle apparaît, monte en puissance puis, comme tout phénomène, décroît en intensité. Elle décrit une courbe, vue mille fois au travers d'autres phénomènes. Laissez-la passer sans lui accorder une importance démesurée.
Soyez juste un témoin de son passage et laissez-la monter jusqu'au point où elle le souhaite. Elle finira fatalement par décroître. Après la tempête, vient toujours le beau temps.

Dites « non merci » à votre Prise

Comme un maître de maison qui tient à vous faire goûter ses créations, votre Mental a une fâcheuse tendance à vous repasser sans cesse les mêmes plats et souvent les plus stressants. Apprenez à dire « non merci » et refusez de considérer l'idée. Expliquez au besoin à votre Mental que vous lui avez déjà demandé de ne plus vous la soumettre. Détaillez-lui les effets négatifs de son comportement.
Comme un maître de maison frustré, attendez-vous à ce que votre Mental tente de vous repasser les plats de nombreuses fois avant de comprendre que vous n'avez plus faim.
Amusez-vous à observer de quelles manières diverses ou détournées votre Mental insiste.

Déplacez votre attention sur les symptômes du stress

Quand un stress survient, de jour comme de nuit, déplacez votre attention de l'idée qui génère le stress aux symptômes de ce dernier. Focalisez votre esprit sur votre respiration gênée, votre transpiration, vos douleurs corporelles et n'en bougez plus. Vous allez, d'une part, apprendre à réécouter votre corps qui vous en sera reconnaissant et, d'autre part, vous pourrez casser la chaine de réflexions négatives.

Contrecoup du lâcher-prise

Avec le temps, le croisement de différentes techniques et votre volonté, attendez-vous à voir la place de votre Mental décroître. Attention, vous n'avez peut-être plus éprouvé cette sensation depuis longtemps. Ce ressenti étrange pour un esprit surmené va provoquer un « vide » naturel.
Vous pourrez avoir la sensation de ne plus avoir une vie aussi remplie. Vous pourrez ressentir un léger vague à l'âme (la dépression est l'inverse de la pression). Ne déversez pas immédiatement de nouvelles contraintes dans ce « vide ».
Profitez-en pour prendre encore davantage de recul. Votre manière de vivre pourrait bien s'équilibrer et en sortir renforcée.

Et si votre nouvel état d'esprit vous donne davantage de temps, optez pour des activités qui vous apportent de l'énergie.

Chapitre 6
L'énergie est une batterie

Débrancher vos « Prises » est utile, mais il est tout aussi important de trouver un moyen de vous brancher pour recharger vos batteries. Gérer votre tonus est capital, pour vous comme pour les gens qui vous entourent et vous supportent.
La manière dont vous ressentez le stress dépend de votre niveau d'énergie. Plus ce dernier est haut, plus il forme une carapace protectrice ; plus il est bas, plus il vous expose. De votre vitalité personnelle dépend votre agilité et souvent votre capacité de réussite.

MEFAITS D'UNE ENERGIE TROP BASSE

Vous avez sans doute déjà pu juger du manque de défenses d'une mère de famille débordée ou d'un collègue de bureau épuisé. À partir d'un certain degré d'abattement, dû à la répétition de frustrations consommatrices d'énergie, la personne ne sait plus mobiliser ses ressources. Elle se défend alors soit mal, soit plus du tout. Elle perd son indépendance. Les choix qu'elle ne parvient plus à faire sont faits par d'autres, y compris par ceux qui ne sont pas bienveillants.

L'énergie est comme la batterie d'un téléphone

Prenez l'hypothèse que votre énergie fonctionne comme une batterie :

- Si vous déchargez complètement votre énergie et souhaitez « redémarrer », il va vous falloir un temps minimum rien que pour revenir au niveau 0 % de batterie. Cette situation est à éviter absolument
- En charge basse, de 0 à 40% de charge, vous n'êtes pas seulement en sous-énergie, vous exportez aussi une énergie négative et consommez celle de vos proches. Vous êtes davantage exposé à la manipulation et au rejet des gens qui vous entourent. Si vous n'avez pas d'énergie, vous laissez les autres vous insuffler la leur et pouvez perdre votre libre arbitre
- À niveau de charge honorable, 40% à 70%, vous avez l'énergie pour fonctionner seul et profiter de celle des autres
- À niveau de charge performant, 70 à 100%, vous fonctionnez en parfaite autonomie et transmettez votre énergie à votre entourage, qui apprécie. Comme votre charge est optimale, vous récupérez très vite de toute décharge
- En sur-énergie, plus de 100%, reconnaissable à un état fébrile, attendez-vous à des disfonctionnements : décharge ultra-rapide (alternance de bas et de hauts), consommation de l'énergie d'autrui… Cet état ne peut être durable

De quoi est composée votre batterie ?

Vous pouvez l'imaginer en 3 parties, inspirées par la Programmation Neuro Linguistique :

- Batterie de tête (vos pensées)
- Batterie de cœur (vos émotions)
- Batterie de corps (votre forme physique)

Si vous utilisez conjointement l'énergie de plusieurs de vos batteries, vous maximisez votre consommation et risquez plus vite la panne.

CONSOMMATION D'ENERGIE LORS D'UNE SEANCE DE SPORT

Lors d'un exercice de course à pied, vous pouvez solliciter conjointement votre batterie de tête (lorsque votre psyché s'emballe autour de scénarios de vitesse minimum), votre batterie de cœur (lorsque vous ressentez la peur de ne pas être à la hauteur) et votre batterie de corps (lorsque ce dernier se fatigue). Dans ce cas, il est utile de réduire votre consommation. Concentrez, par exemple, votre attention sur ce que vous voyez ou ce que vous entendez afin de rompre le lien avec votre Mental et débrancher des batteries.

Retenez que votre niveau d'énergie général ne sera jamais plus élevé que celui de votre batterie la plus faible.
Bref, si votre corps est épuisé, n'espérez pas briller en calcul mental…

Peut-on perdre toute son énergie ?

Les états de stress trop intenses et prolongés amènent votre corps sur le terrain du burnout, une mise en veille brutale décidée à votre insu et pour votre sauvegarde par votre Inconscient.
Ce dernier, comme un contrôleur de gestion bienveillant, reçoit tous les paramètres et les informations vous concernant. Il connaît très bien votre état d'énergie, la réalité de votre situation et ce que vous voulez bien en accepter. C'est l'entité la mieux renseignée sur vous.

Si votre Conscience, en chef d'entreprise, refuse sans cesse d'écouter les mises en garde de son contrôleur de gestion, votre Inconscient, ce dernier déclarera la « cessation de paiement » en faisant tout pour vous couper, au moins temporairement, de l'exposition au stress qui vous met en danger, notamment en vous privant d'énergie.

La dépression procède d'un processus voisin, en contrecoup d'une période de forte pression ou lorsqu'aucune amélioration à une situation jugée sans issue ne se profile.

NOTE DE L'AUTEUR

Cet ouvrage tente ici une petite clef de compréhension mais n'a pas la prétention de résoudre les problèmes de burnout et de dépression auxquels il n'est pas possible de donner de réponse générique, chaque cas étant lié à une histoire, une personnalité et à l'intensité du stress ressenti. Un conseil important serait de se faire aider et accompagner.

Et, si et seulement si la personne concernée retrouve un minimum d'énergie, elle peut agir sur la cause du stress (en provoquant un changement de situation) ou sur la manière dont elle ressent la pression (en travaillant sur elle-même).

Comment gérer votre énergie ?

7 facteurs (présentés ci-dessous par ordre décroissant d'importance) peuvent vous permettre de maintenir un bon niveau d'énergie :

1. Sommeil / repos
2. Boisson / alimentation
3. Activité physique
4. Capacité à relativiser / humour
5. Passions / loisirs
6. But / sens de la vie / projets
7. Contacts sociaux

Facteur d'énergie N°1 : Sommeil et repos

Dans une vie citadine classique, 80% de la fatigue est d'origine nerveuse et 80% de la récupération vient du sommeil - c'est dire son importance capitale.
Le nombre d'heures de sommeil nécessaire varie selon les personnes et leur âge. On en estime le besoin à 8 à 10H pour les adolescents et 7 à 9 H pour les adultes.
Et puis, dormir n'est pas <u>que</u> dormir.
Dormir, c'est recharger ses batteries, réorganiser, prendre du recul.
Dormir, c'est se réveiller dans un environnement mental rangé.

L'IMPORTANCE DU REPOS

En parallèle du sommeil, vous devez veiller à vous ménager des espaces de repos dans la journée. Ne vous imposez pas des rythmes trop soutenus auxquels vous êtes seul à vous obliger.
Accordez-vous des respirations, des plaisirs, des bonus. Soyez un ami, un coach pour vous-même et incitez-vous à lever le pied avec bienveillance.
Si vous étiez votre ami, votre conjoint, quels conseils vous donneriez-vous pour vous ménager ? Pourquoi ne pas le faire ? Pourquoi tout enchaîner comme si vous étiez dans l'urgence ?

Face à une journée trop chargée, faites des choix et ralentissez votre rythme, vous en ferez davantage. Le temps n'est pas votre ennemi, il n'est pas nécessaire de courir après.
Adoptez la même règle que pour la conduite sur autoroute : toutes les deux heures une pause s'impose. Faites alors ce que bon vous semble du moment que cette action vous apporte de l'énergie (voir page 49 : Ce qui vous donne de l'énergie à vous en particulier).

LA SIESTE

Son rôle est majeur pour vous régénérer rapidement.
Deux types de siestes sont particulièrement bénéfiques :

- Les micro-siestes sans endormissement, très favorables pour la concentration : faites-les par exemple assis. Stoppez au bout de 5 minutes ou si vous piquez du nez
- Les petites siestes avec ou sans endormissement. A faire allongé, 10 à 20 minutes maximum

Au-delà de ce temps, vous risquez de démarrer un cycle de sommeil et l'énergie nécessaire pour en sortir va excéder celle récupérée.

RYTMES CIRCADIENS

La chronobiologie, science des rythmes biologiques et de leur importance sur la santé distingue 3 types de rythmes. Les ultradiens durent moins d'un jour (comme le rythme cardiaque), les infradiens durent plus d'un jour (comme les cycles menstruels). Enfin, les rythmes circadiens s'observent à l'échelle d'une journée (comme la production de mélatonine). Il est important d'adapter votre activité à ces derniers.

Une journée type, par exemple voit votre niveau d'éveil maximum vers 10H00, un coup de mou entre 13H00 et 14H00 (à réserver à des activités peu consommatrices d'énergie ou de besoin de concentration), votre meilleure coordination vers 14H30, votre plus haute vitesse de réaction vers 15H30, votre plus forte efficacité cardiovasculaire et force musculaire vers 17H00. A partir de 18H00, votre corps est en décélération, tenez-en compte dans vos actions ou celles que vous imposez aux autres (ce n'est plus le moment d'une séance de créativité par exemple). L'organisme démarre la production de mélatonine (hormone du repos) vers 21H00. Vous atteindrez le sommeil le plus profond vers 2H00 et la température corporelle la plus basse vers 4H30.

Facteur d'énergie N°2 : Boisson et alimentation

Vous êtes étonné de voir la boisson et l'alimentation arriver avant l'activité physique dans le contrôle de votre niveau d'énergie ? Vous minimisez leur rôle capital dans votre vitalité.

Le facteur le plus important, de loin, est l'eau. C'est par ailleurs la seule boisson indispensable à votre corps. Ce dernier en est constitué à environ 60% et en a cruellement besoin. Attention, il en manque avant de ressentir la soif. 1% de déshydratation vous prive de 10 points de Q.I. en sus de la fatigue générée. Alors, n'importe quand dans la journée et dans le doute sur l'origine de votre coup de barre : Buvez !

Pour ajuster votre consommation à vos besoins, prenez votre taille (1,80 m par exemple), soustrayez 1 m (reste 0,8) et multipliez par 3 (résultat 2,4). Vous obtiendrez le nombre de litres (non issus de votre alimentation) à boire par jour.

Concernant votre alimentation, vous pouvez veiller à ce qu'elle soit :

- Riche en sucres lents (pâtes, pain, légumes secs…)
- Riche en vitamines (légumes, fruits…)
- Riche en magnésium (noix du Brésil, amandes…)
- Riche en Oméga 3 (beurre, poissons…) etc.

Les excitants (café, cigarette, alcool) sont des faux-amis de votre énergie. Les coups de boost ponctuels qu'ils vous donnent vous sont repris, avec plus de force, à un autre moment de la journée ou de la nuit en fatigue ou en privation de sommeil - quand ils ne jouent pas directement sur votre santé. Réservez-les, pourquoi pas, à leur fonction sociale : celle de prendre du plaisir entre amis, sauf bien sûr si vous vous appelez Winston Churchill ☺.

« J'ai retiré plus de choses de l'alcool que l'alcool ne m'en a retiré. »

Winston Churchill

Facteur d'énergie N°3 : Activité physique

Aucune pilule au monde ne remplace les bénéfices d'une heure de sport. Les bienfaits de l'activité physique sont trop nombreux pour être énumérés : musculation du cœur et du corps, renforcement des défenses immunitaires, libération des tensions et d'enzymes euphorisantes, socialisation et développement de l'estime de soi, consommation de calories etc.

Facteur d'énergie N°4 : Capacité à relativiser / humour

Beaucoup de situations quotidiennes peuvent se vivre avec humour. Blaguez, observez-vous avec bienveillance et amusez-vous du pétrin dans lequel vous êtes, de vos réactions comme de celles des autres, relativisez et gagnez en recul.

Facteur d'énergie N°5 : Passions/loisirs

Plaisirs et loisirs font partie des moyens les plus efficaces de vous détourner de vos préoccupations, à ne jamais négliger.
Toutefois, si cette partie est prépondérante dans votre vie, il peut s'agir d'une fuite qu'il y a lieu de comprendre et d'ajuster. Si cependant elle est inexistante, elle peut traduire un oubli de soi.

Facteur d'énergie N°6 : But/sens de la vie/projets

Avoir un but, des projets ou découvrir le sens de votre vie participe grandement à réduire votre stress. Cela en mettant en œuvre deux mécanismes bénéfiques liés au plaisir : celui de l'anticipation et celui de l'apprentissage.

Facteur d'énergie N°7 : Contacts sociaux

Vous avez peut-être été surpris que les contacts sociaux apparaissent en septième position des choses qui apportent le plus d'entrain et non en première.

Il y a une raison simple : si les rapports humains peuvent être les plus grands apporteurs d'énergie, ils peuvent aussi en être les plus gros consommateurs. Les contacts avec certaines personnes vous remplissent d'énergie alors que d'autres vous mettent à plat.

S'il vous était donné de visualiser les flux d'énergie qui émanent de chacun, vous pourriez voir que certains de vos interlocuteurs, consciemment ou non, sapent la vôtre à leur profit.

Deux manières de réagir : favoriser les rapports avec les personnes qui vous donnent de l'énergie ou mettre au point des stratégies pour empêcher les autres de vous voler la vôtre.

EXERCICE : DITES NON AUX VOLEURS D'ENERGIE

Portez attention aux personnes dont le contact vous rend moins fort. Comment font-elles pour voler, consciemment ou non, votre énergie à leur profit ? Les mêmes comportements se répètent sans doute. Peut-être ont-elles tendance à vous rabaisser, vous infantiliser, vous culpabiliser, vous inquiéter, vous déstabiliser etc. Commencez par noter chacun de leurs comportements avec un exemple associé, vous y verrez plus clair. Ensuite, écrivez de quelle manière vous allez réagir la prochaine fois quitte à voler, vous aussi un peu d'énergie aux voleurs.

Ce qui *vous* donne de l'énergie

Vous venez de voir 7 grands moyens de maintenir un bon niveau de tonus. Il en existe d'autres, dont certains sont propres à votre fonctionnement. Mieux vous les connaissez, mieux vous ciblez les actions qui vous redonnent vite de l'énergie.

APPRENEZ CE QUI VOUS PREND OU VOUS DONNE DE L'ENERGIE
NDL : EXERCICE FONDAMENTAL

Je vous propose de dresser la liste des actions qui vous donnent de l'énergie et celles qui vous en prennent pour ne pas les confondre et gérer votre vitalité au quotidien.
Concernant les actions apporteuses d'énergie, vous pouvez vous inspirer des 7 facteurs énoncés précédemment, mais aussi d'exemples donnés ci-après ou de constats personnels.

Pour la partie des actions consommatrices d'énergie, vous pouvez prendre le contrepied de toute action qui apporte de l'énergie ou puiser dans votre expérience. Ce qui est important est que le bénéfice ou la gêne générée par l'action que vos indiquez soit importante dans votre vie. Veillez à personnaliser au maximum vos formulations.

Cet exercice peut vous servir toute votre vie. Il n'est pas limité dans le temps, vous pourrez l'optimiser en permanence.
Pour établir votre liste pour la première fois, je vous conseille toutefois de passer une semaine ou les 15 prochains jours à y travailler.

Comment lister ce qui vous donne de l'énergie ou pas ?

Ecrivez, en deux endroits distincts, les choses qui vous apportent de l'énergie et celles qui vous en prennent :

- Forcez-vous à faire une liste la plus longue possible
- Pensez-y le plus souvent possible
- Pour produire votre liste, observez la manière dont vous vivez, analysez vos expériences présentes ou passées, vos habitudes, vos joies, vos difficultés
- Rajoutez, enlevez jusqu'à être satisfait

EXEMPLE D'ACTIONS QUI APPORTENT DE L'ENERGIE

- *Apprendre*
- *Aider*
- *Ecouter de la musique*
- *Lire des romans*
- *Boire du thé*
- *Dormir*
- *Être audacieux*
- *…*

Pour la majorité des gens, les choses qui apportent de l'énergie sont : agir en accord avec soi, tenir ses promesses, organiser, déléguer, faire quelque chose d'utile, d'agréable, de positif, rire, progresser, se faire plaisir ou faire plaisir, pratiquer une activité physique, prendre du recul, décompresser, relativiser, avoir des projets, rencontrer des personnes positives, prendre la vie du bon côté, pardonner, donner et recevoir de l'affection, écouter de la musique, se cultiver, épouser la nature…
N'hésitez pas à mettre des choses évidentes comme étonnantes, personnelles comme globales, même si vous ne les faites pas fréquemment.

EXEMPLE D'ACTIONS QUI CONSOMMENT DE L'ENERGIE

- *Ne pas arriver à tout faire*
- *Etre frustré du comportement des autres*
- *Etre en conflit avec quelqu'un*
- *Penser sans cesse à ses problèmes*
- *Boire du café*
- *Fumer*
- *….*

Même conseil que pour les actions qui donnent de l'énergie, n'hésitez pas à sortir des sentiers battus pour que cette liste soit la plus personnelle et efficace possible.

Une fois que vous tenez votre précieuse liste, gardez-la toujours avec vous (notée dans votre téléphone par exemple) et assurez-vous chaque jour de :

- Maximiser les actions qui vous apportent de l'énergie
- Minimiser les actions qui vous en consomment ou entreprendre un travail pour réduire leur impact sur vous

« L'art commence avec la difficulté. »
Lao Tseu

À quoi sert un muscle ? À vous permettre d'effectuer une tâche avec moins d'efforts. Plus une action sollicite votre corps, plus ce dernier va créer de muscles pour vous permettre de la répéter facilement. Il suffit pour vous en convaincre de regarder la musculature développée par un travailleur manuel ou un athlète, adaptée aux sollicitations de son corps.

Le muscle peut-il se créer en évitant l'action ? La réponse est non. L'absence d'action atrophie le muscle jusqu'à le rendre inefficace.
En clair, ce n'est pas en tournant le dos à l'obstacle que vous allez apprendre à le surmonter ni créer vos défenses et vos armes pour le franchir sans peine, mais bien en vous y confrontant encore et encore.
Bref, dans une certaine limite, vous exposer, c'est vous protéger.

Est-il agréable pour le corps de l'haltérophile de passer de longues heures à soulever de la fonte ? Bien sûr que non.

L'effort est pénible. Le Mental n'aura de cesse que d'essayer de protéger le sportif imprudent en le dissuadant de s'adonner à cette activité douloureuse et fatigante. Il pourra tenter de le convaincre qu'il est trop fatigué, trop faible, que cela n'est pas pour lui, que cela n'est pas dans sa nature.

De la même manière, votre Mental tentera souvent de vous dissuader d'entreprendre une action pénible, même si cette dernière vous permet de progresser.
Étonnement, prendre une habitude bénéfique à long terme est souvent une contrainte à court terme alors que prendre une mauvaise habitude est simplissime ! Comme une incitation de l'univers à nous mettre à l'épreuve... Rappelez-vous chaque fois qu'une difficulté se présente que l'accepter peut vous permettre de développer le « muscle » nécessaire à la surmonter.

Bien entendu, comme l'haltérophile qui tente sans cesse de soulever de plus lourdes charges, vous ne réussirez pas tout du premier coup. Agissez envers vous avec un maximum de bienveillance, il vous faudra parfois de nombreux essais pour peaufiner votre technique.

L'échec est une partie naturelle de l'apprentissage

Tout processus d'acquisition peut entraîner :

- L'apprentissage d'une technique
- La confrontation à la difficulté
- Des erreurs
- L'analyse et la compréhension de ses échecs pour progresser

« Je ne perds jamais ; soit je gagne, soit j'apprends. »
Nelson Mandela

Une chose est sûre : l'haltérophile qui stoppe ses efforts à la lumière de ses échecs stoppe du même coup sa progression.

« Le succès, c'est d'aller d'échec en échec sans perdre son enthousiasme. »
Winston Churchill

Et que fait l'athlète pour juger du résultat de ses efforts ?
Il regarde son corps et les muscles nés de sa volonté, il savoure le plaisir d'avoir été au bout de l'effort, la détente provoquée par l'arrêt de la tension ou le bonheur d'avoir progressé.

Alors, si vous avez franchi un obstacle, faites de même, savourez votre réussite ou admirez comment cette dernière vous a transformé…

Chapitre 8

Ce qui fait peur a plus de chance d'arriver

« Tous nous avons peur ; c'est la peur qui nous guide. »
Sénèque

N'avez-vous jamais remarqué comme vous avez plus de chance de glisser sur le verglas si vous avez précisément peur de glisser sur le verglas ? Ou de bafouiller au cours d'une prise de parole si vous avez peur de bafouiller ? Ou encore d'oublier quelque chose si vous avez peur d'oublier etc.?
Ces affirmations n'ont l'air de rien, mais elles sont importantes. D'une manière ou d'une autre, vous êtes créateur de votre environnement.

Le même phénomène se constate chez l'enfant qui fait ses premiers pas en vélo. Demandez-lui d'éviter le seul obstacle qui se trouve sur son chemin et c'est certain qu'il foncera dedans. Pourquoi ? Parce que la peur le pousse à focaliser son attention sur la chose à éviter au point de la rendre fascinante tandis que l'angoisse paralyse ses actions.

Vous avez peur, par exemple, de défendre vos idées en réunion ? Cette inquiétude va transpirer dans chacune de vos actions et de vos non-actions jusqu'à la rendre lisible par tous.

Chacun en déduira que vous ne savez pas défendre vos propos en société. Pourtant, une partie de la difficulté vient précisément de votre comportement.

Pour progresser, réalisez que ce que vous redoutez (*ne pas être un bon collaborateur, ne pas être légitime, ne pas être aimé…*) risque beaucoup plus de vous arriver que quoi que ce soit d'autre, précisément parce que vous en avez peur.

Mentalisez cette notion : « ce dont j'ai peur risque davantage de m'arriver ».

Puis, faites-vous confiance. Qui mieux que vous peut le faire ? Vous n'êtes pas parfait ? La bonne nouvelle est que les autres non plus. Alors, oubliez que vous ne savez pas, que vous ne pouvez pas ou que vous n'êtes pas prêt.

EXERCICE: BRAVEZ VOTRE PEUR

- *Pensez à une inquiétude courante qui vous limite*
  Exemple : vous avez peur de l'avion
- *Notez les 3 raisons qui font que vous pouvez légitimement braver cette peur, elles peuvent tenir à vos qualités, à celles des autres, à des faits avérés, à des évidences statistiques etc*
  Exemple :
  - *L'avion est le moyen de transport le plus sûr*
  - *La peur ne change rien au danger*
  - *Vous êtes plutôt quelqu'un de courageux*
- *Comportez-vous enfin comme si vous n'aviez pas cette peur, reflet d'un manque de confiance en vous. Bien sûr, cette inquiétude est encore là, mais efforcez-vous de ne plus y penser et agissez comme le ferait une personne qui ne connaîtrait pas cette difficulté. Faites-vous confiance. Inspirez-vous au besoin de gens autour de vous qui ne partagent pas ce tracas*

LA PEUR DE TOUT OUBLIER

Vous oubliez tout ? Vous vous trouvez sans doute mille excuses : vous êtes né comme ça, vous n'y pouvez rien ou encore, vous n'êtes pas digne de confiance. Ou encore vous êtes égoïste et oubliez ce qui n'est pas important pour vous.
Soit.
Mais quelle personne sur terre n'oublie pas davantage ce qui n'est pas important pour elle ? Après toutes ces années où les autres ont ri de vous et vous ont catalogué comme un irresponsable, n'avez-vous pas oublié de vous faire confiance ?
Notez 3 qualités que vous avez et qui vous permettent de surmonter cette difficulté : « vous n'oubliez jamais rien de capital - vous êtes dignes de confiance dans bien d'autres domaines - vous avez la volonté nécessaire pour changer ».
Comportez-vous, enfin, comme si vous n'aviez plus cette difficulté, ne vérifiez pas tout dix fois. Faites-vous confiance. Vous échouerez parfois, comme les autres, mais vous progresserez. Et si vous ratez, je vous conseille de l'assumer, d'en sourire et de repartir pour un nouveau défi.

EXERCICE: FAKE IT UNTIL YOU MAKE IT

Les Anglo-saxons disent : faites semblant jusqu'à ce que vous sachiez le faire. Ce conseil est précieux. Prendre l'attitude de celui qui sait faire vous donne déjà une partie de son assurance. Libéré d'une partie de la peur de ne pas être à la hauteur, vous pourrez davantage vous concentrer sur l'apprentissage.

Redouter une chose, qu'elle arrive ou non, c'est la vivre une fois de trop. Agir comme si vous n'aviez pas une angoisse particulière, vous faire confiance, ne vous donnera aucune qualité. Vous pourrez vous comporter tant que vous voulez comme un pilote d'avion, vous ne saurez pas voler pour autant.

Toutefois, ignorer votre crainte vous permettra de ne plus être limité par elle, de mieux mobiliser dans l'action vos savoirs et vos qualités.

Bref, agir comme si vous n'aviez pas une peur vous aidera à la surmonter.

Chapitre 9

Sachez communiquer

Il est important de soigner votre communication pour vivre en harmonie avec les autres, pour que vos messages reflètent qui vous êtes et ce que vous voulez dire et que cette cohérence vous aide à réduire votre stress.

Comment communiquer ?

Communiquer est une entreprise complexe. Certaines notions sont importantes à appréhender :

Les autres ne comprennent pas toujours ce que vous voulez

Les autres ne sont pas vous, ils ne savent pas forcément ce que vous voulez, ce n'est pas inné chez eux. Et même lorsque vous le leur avez dit, ils ne le comprennent pas obligatoirement comme vous.

Toute communication met en œuvre au moins un émetteur (celui qui délivre le message) et un récepteur (celui qui le reçoit).

Elle induit (pour simplifier) :

- Une intention de l'émetteur du message
  Exemple : « Je vais lui dire qu'il exagère »

- Un filtre propre à l'émetteur
  Exemple : « Le mieux est de lui dire fermement pour qu'il comprenne que c'est important »

- Un message
  Exemple : « Tu exagères »

-Un filtre propre au receveur
  Exemple : « Je ne supporte pas que l'on me parle fermement en me mettant en cause »

- Un effet produit sur le receveur
  Exemple : « Je suis agressé »

Vous mesurez ici l'écart entre l'intention et le résultat, dû aux différentes phases induites par la communication.
Le processus étant complexe, veillez à adapter au maximum vos messages aux personnes avec qui vous échangez en prenant en compte les filtres que vous lui connaissez et l'effet que pourraient produire vos paroles ou écrits. Reformulez et faites reformuler pour vous assurer que l'effet produit est le plus proche possible de votre intention.

Vous ne contrôlez pas les autres

Les autres ne sont pas vous, ne pensent pas comme vous, n'ont pas les mêmes besoins, les mêmes centres d'intérêts et les mêmes buts que vous. Rien n'est plus différent de vous que les autres. Ne vous attendez pas à les diriger, à les manipuler et encore moins à les changer.
Vos solutions sont loin d'être uniques, d'ailleurs, celles des autres sont parfois bien meilleures.

Vous pouvez montrer aux autres une voie, leur exprimer votre pensée, les conséquences de leurs actions, mais vous ne pourrez pas les changer. Changer demande une action de leur part que vous ne pouvez pas faire à leur place.

Par contre, vous avez le pouvoir de vous changer vous-même.

Vous n'êtes pas inférieur aux autres

Vous pensez que les autres sont plus intelligents que vous et que vous n'avez rien d'intéressant à dire ?

Etes-vous sûrs de leur supériorité ?

Ecoutez vos interlocuteurs et vous verrez que c'est souvent la manière dont ils le formulent, avec conviction et naturel, qui donne du poids à leur discours.

Pour votre sérénité, évitez de considérer les relations humaines comme un combat. Ne cherchez plus l'ennemi et vous n'en verrez plus. N'y voyez pas une confrontation avec un gagnant et un perdant. Si les personnes qui vous entourent sont plus douées que vous, c'est une chance, elles vont vous tirer vers le haut.

Vous n'êtes pas supérieur aux autres

Vous pensez que l'échange avec l'autre ne va rien vous apporter ? Que tout vous énerve chez votre interlocuteur ou vous différencie de lui ? Baissez la garde. Ce sentiment de supériorité est une sorte de protection qui peut vous nuire.

« Lorsqu'il m'arrive de me sentir supérieur à quelqu'un, je m'efforce de lui trouver des qualités. S'il a de beaux cheveux, je me dis qu'il m'est bien supérieur puisque je suis chauve. N'importe qui vous surpasse d'une manière ou d'une autre. »

Dalaï Lama

Ce que vous plaquez de négatif sur l'autre, il peut se l'approprier. Si vous jugez que votre voisin est renfermé et incapable de s'exprimer, c'est exactement ce qui peut se produire et vous aurez en plus gagné sa rancœur. Ne mettez pas les autres dans des cases. Celui qui semble introverti recèle peut-être des trésors de générosité, d'humour ou de culture pour peu que vous le laissiez se mettre à l'aise.

Et celui qui paraît insupportable à vos yeux pourrait peut-être vous en apprendre sur de nombreux sujets.

Ouvrez-vous à l'autre, exactement comme à quelqu'un que vous estimez votre égal, intéressez-vous sincèrement à ses centres d'intérêts, allez à la pêche et vous verrez qu'elle est souvent miraculeuse. Peut-on d'ailleurs vous juger si facilement ?

La critique peut être utile

Comment progresser sans connaître vos faiblesses ?

La critique, surtout inconditionnelle, peut être intéressante.

Elle est alors une marque d'intérêt, une remontrance - plus ou moins adroite car l'art est difficile - dans le but de vous faire progresser.

Dans ce cas, ne vous vexez pas, ne perdez pas vos moyens. Ecoutez avec humilité, changez ce qui vous semble devoir l'être et gardez le reste.

Communication non violente (CNV)

La communication non violente est une approche développée par Marshall Rosenberg, psychologue américain, à partir des années 1960. Sa méthode, principalement verbale, invite à s'interroger sur la qualité du dialogue et les intentions sous-jacentes. Elle part du principe que certaines relations sont épanouissantes alors que d'autres sont conflictuelles.

La CNV propose des schémas pour maintenir le dialogue ouvert et y trouver des solutions.

La méthode peut notamment vous apprendre à :

- Ecouter et développer votre attitude empathique
- Repérer ce qui dans votre manière de penser et de vous exprimer génère de l'opposition ou l'inverse
- Clarifier vos enjeux, vos besoins et les hiérarchiser
- Parler concisément avec des demandes claires
- Décoder l'agressivité d'autrui sans la prendre pour vous et garder le dialogue ouvert.

Toute situation, en CNV, peut être observée sans juger les autres. Chacun doit apprendre à formuler son ressenti et ses besoins puis dire ce qu'il attend. C'est la méthode OSBD.

(O) Observation
Observez la situation sans jugement et résumez-la à des faits : que s'est-il passé ? *(Tu as eu une mauvaise note).*

(S) Sentiment
Analysez ce qui vous dérange et les sentiments attachés (colère, peur, tristesse...). Exprimez-les sans accuser ni interpréter le comportement de l'autre en utilisant le « je », car ce ressenti est personnel *(Je suis déçu(e) par ces résultats).*

(B) Besoin
Exprimez vos besoins. Votre interlocuteur est normalement apte à vous comprendre puisque susceptible d'avoir des besoins communs aux vôtres *(J'ai besoin d'être rassuré sur ton avenir).*

(D) Demande
Formulez votre demande de manière ouverte et positive sans exigence *(Penses-tu que tu pourrais travailler plus sérieusement ?).*

L'autre écoute, exprime ce qu'il a compris et ses ressentis en suivant la même méthode. Chacun reçoit avec attention et bienveillance les arguments de l'autre dans le but de trouver une solution qui améliore la situation des deux parties.

Communication non verbale

La communication non verbale résulte des signaux que vous émettez en parallèle des mots que vous prononcez : expressions faciales, gestes, posture, ton de la voix…
Votre interlocuteur décode votre discours principalement de manière visuelle et grâce au ton de votre voix. S'il décèle un conflit (*un compliment fait avec un sourire forcé et un front plissé)* il en déduira un décalage intérieur de votre part, voire un mensonge et accordera peu de crédit aux mots.
Même si les résultats paraissent extrêmes, une étude menée par le psychologue Albert Mehrabian dans les années 60 concluait que votre interlocuteur décode vos signaux à plus de 50% de manière visuelle, se base sur le ton de votre voix à près de 40% et n'accorde pas plus de 10% d'importance aux mots.

Une bonne communication, où chaque mot a sa valeur, est une communication « alignée » où tous les signaux (expression faciale, posture, gestes, ton de la voix et mots) racontent la même histoire.
En bref, vos capacités en société dépendent moins de votre discours que de la manière dont vous le partagez.

Les signaux non verbaux

Certains signaux traduisent une personnalité étroite et fermée, d'autres témoignent de votre force. Il est bon de le savoir pour deux raisons : pour ne pas amoindrir votre discours et parce qu'adopter une attitude forte donne… de la force.

Si d'innombrables signes témoignentde votre élan, il peut être important de veiller à : occuper l'espace, vous tenir droit, adopter des postures de puissance (*mains sur les hanches comme Superman ou Wonderwoman*), maîtriser vos gestes, ni être figé ni avoir la bougeotte, paraître relaxé et en alerte, bannir les attitudes anxieuses (*croiser bras et jambes, se gratter*), marquer des pauses, maintenir le contact visuel (*100% du temps lors d'une poignée de main et de 30 à 60% lors d'un échange*), sourire en mobilisant les muscles des yeux, soigner votre mise, vous exprimer d'une voix lente, puissante et basse.

Comment établir une conversation gratifiante ?

Ne fuyez pas

Si vous êtes timide, il vous est sans doute difficile de vous livrer et d'avoir, avec les personnes que vous connaissez moins bien, des conversations qui vous comblent.
Et cela pour la bonne raison que votre peur inhibe votre manière de communiquer, l'éloigne de votre personnalité, vous frustre et accroît votre stress. A l'opposé, si vous êtes un brin dirigiste, vous allez avoir tendance à ne pas écouter, à assommer l'autre de vos expériences, de vos anecdotes et ramener chaque propos à vous avant même que votre interlocuteur ait terminé ses phrases.

Ces manières de faire sont toutes aussi angoissantes. Les autres sont démotivés de vous parler et votre Inconscient le perçoit. Dans les deux cas, votre comportement est une forme de fuite qui vous protège d'une vraie discussion où vous auriez à vous révéler.

Si nécessaire, vous trouverez ci-jointes 4 règles pour mener une conversation gratifiante :

1. **Ecoutez**
2. **Donnez des informations sur vous**
3. **Rebondissez sur les idées des autres**
4. *Prenez et donnez du plaisir*

Ecoutez

La meilleure manière de vous sentir à l'aise au cours d'un échange est que votre interlocuteur, lui aussi, se sente à son aise. Il doit s'estimer reconnu et apprécié. Alors, pendant le temps de la discussion, accordez-lui d'être la personne la plus importante à vos yeux, plus importante que vous-même.
Posez des questions et intéressez-vous sincèrement à la réponse. N'enchaînez pas avant de l'avoir comprise et intégrée, d'être capable de la répéter. Laissez à l'autre le temps de développer ses idées sans lui couper la parole.

Donnez des informations sur vous

Une discussion enrichissante est à double sens. Elle nécessite que vous apportiez de l'eau au moulin, que ce soit pour votre bénéfice ou celui des autres. Si vous n'exprimez aucune idée ni aucun sentiment, vous en sortirez frustré, même si l'autre peut avoir trouvé son compte dans le fait d'avoir parlé tout son saoul, ce qui sera peut-être à vos dépens.

Vous devez participer à la discussion en y apportant, sans censure excessive, un maximum de matière et d'informations (vos goûts, vos choix, vos expériences…).

Rebondissez sur les idées des autres

Les autres apportent un grand nombre d'idées et d'informations au cours d'une discussion. Servez-vous-en pour rebondir et mener les propos encore plus loin.
Vous enrichirez l'échange et montrerez à votre interlocuteur que vous l'avez bien entendu, que ses propos sont assez intéressants pour faire avancer le débat.

Prenez et donnez du plaisir

Malgré ces quelques techniques, la discussion ne peut se résumer à une somme de méthodes employées de manière automatique. Si vous ne prenez pas de plaisir à l'échange, il restera frustrant pour vous comme pour les autres.

PARALLELE AVEC LE THEATRE D'IMPROVISATION

Ecouter, faire avancer l'histoire pour la construire ensemble, rebondir sur les idées des autres, prendre et donner du plaisir sont les règles d'or du théâtre d'improvisation.
De là à dire que la vie est un théâtre…

Comment donner envie ?

Le plus beau cadeau que vous puissiez offrir à l'autre, sans même une parole, est celui d'un visage détendu et heureux.

Quand vous le pouvez, regardez-vous dans un miroir et demandez-vous simplement si la personne que vous voyez vous donne envie d'échanger.

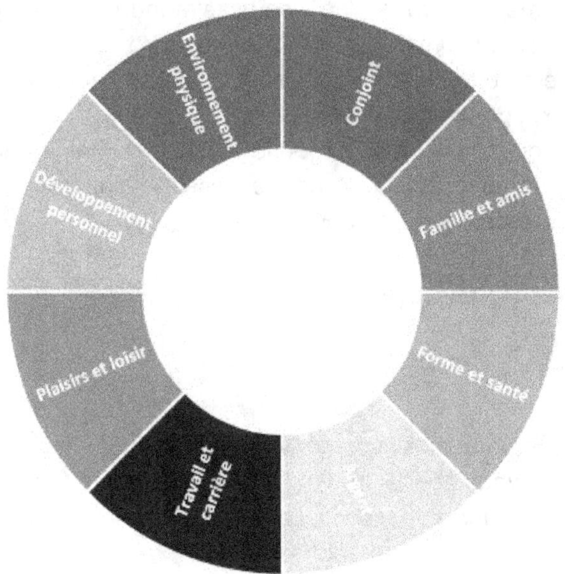

Une vie équilibrée, dit-on, repose au minimum sur 3 pieds, comme un tabouret (la famille, le travail, les loisirs etc…).
La roue de la vie propose une vision plus large basée sur huit parties importantes pour le développement et l'équilibre.

La roue permet d'avancer

La roue invite à faire le parallèle avec un pneu. Si une partie du pneu est dégonflée, la voiture peut aller de l'avant, mais moins sereinement. Et plus il y a de segments « à plat », plus le voyage sera chaotique jusqu'à devenir impossible.

Un segment faible ou « à plat » est une mauvaise chose, mais un segment « surgonflé » l'est tout autant… vous êtes entouré de gens qui, pour avancer, ont surinvesti une partie comme le travail, l'argent ou la famille…

Vous-même réglez davantage la pression sur certains endroits que sur d'autres. Et comme la roue ne peut s'étendre, une partie surdimensionnée l'est toujours au détriment d'une autre.

Pour vivre plus sereinement et en équilibre, veillez à maintenir vos segments les mieux « gonflés » possibles.

Dans tous les cas, que vous ayez surgonflé certains domaines ou que l'un d'eux vient à tomber à plat, il est réjouissant d'apprendre que d'autres peuvent participer à votre équilibre.

Comment gonfler votre roue ?

Conjoint

Comme il s'agit de la personne avec qui vous avez le plus de contacts, elle est celle qui peut vous donner ou vous prendre le plus d'énergie.

La qualité de votre relation est essentielle et votre équilibre dépend du sien. Si possible, travaillez-y-en priorité.

Argent, travail, carrière

L'équilibre dans ce domaine nait lorsque vous atteignez un niveau qui vous convient, ce qui est subjectif. Si votre situation ne vous satisfait pas, vous pouvez tenter de la modifier ou en changer votre perception.

Plaisirs et loisirs

L'importance de cette partie a déjà été soulignée page 44 en la plaçant comme cinquième facteur le plus apporteur d'énergie.

Environnement physique

Un environnement physique favorable est un lieu sain, fonctionnel et esthétique.
Les effets négatifs d'un environnement insatisfaisant ne se perçoivent pas toujours, mais les bienfaits de son amélioration, si.

Comment savoir si votre roue est bien gonflée ?

Jetez sur une feuille les huit items proposés sur le graphique de la roue et mettez à chacun une note sur dix selon la place qu'il prend dans votre vie.
Faites au besoin un graphique. Faites un bilan de l'état actuel, décrivez l'état désiré afin de préciser vos objectifs et mettre en place les stratégies nécessaires pour gonfler ou dégonfler la roue.
Bref, chaussez les bons pneus…

Chapitre 11
Posez vos problèmes

« Face à un problème, si je peux faire quelque chose, il est inutile de m'inquiéter, si je ne peux rien faire, il est inutile de m'inquiéter. »

Dalaï Lama

Apprendre à poser vos problèmes est une manière efficace de faire baisser le stress qu'ils génèrent et de leur trouver une solution. Et cela avec beaucoup moins d'efforts que prévu.

De plus, un problème bien posé est déjà à moitié résolu.

Comment poser un problème ?

La méthode proposée ci-après fonctionne pour tous types de soucis, petits ou gros, personnels ou professionnels, se pratique partout et en tout lieu. Vous aurez simplement besoin d'une feuille de papier ou d'un document informatique pour noter le fruit de vos réflexions.

Prenez n'importe quelle préoccupation et posez-vous les questions suivantes :

1. Quel est le problème ?
2. Quelles sont les causes ?
3. Quelles sont les conséquences ?
4. Quelles sont les solutions ?
5. Quelle est la meilleure solution ?

Je propose de vous guider pour répondre à ces questions.

Quel est le problème ?

Répondez en une seule phrase.

Ciblez au mieux votre problème. Si vous souhaitez parler de votre problème avec Paul, l'intitulé « *Je ne supporte pas les conflits avec Paul* » sera plus efficace que « *Je ne supporte pas les conflits* ». Peut-être même devrez-vous descendre à « *Je ne supporte pas quand Paul conteste mon autorité* ».

La méthode marche avec tous types de problématiques, si vous ne savez pas la cibler, restez vague. « *Rien ne va dans ma vie* » peut-être une bonne problématique. Quand vous aurez entrevu des pistes plus précises, vous recommencerez la méthode sur les sous-problèmes identifiés. L'important est que l'intitulé corresponde au mieux à votre difficulté.

Quelles sont les causes du problème ?

Citez au minimum trois causes et ne vous arrêtez que quand vous avez épuisé toutes les pistes. Pour bien équilibrer vos réponses, vous pouvez veiller à évoquer des causes qui tiennent à votre comportement (*je ne supporte pas d'être remis en cause*) comme à celui des autres (*Paul n'a jamais accepté ma promotion*).

Avec le temps, vous allez apprendre à répondre rapidement en faisant appel à votre intuition. Au début, cependant, passez du temps à bien décortiquer les causes.

« *Je ne supporte pas d'être remis en cause* » peut évoluer en « *Je ne supporte pas d'être remis en cause depuis mon enfance où j'étais enfant gâté* » et « *Paul n'a jamais accepté ma promotion* » peut devenir « *Paul ne supporte pas que je le contrôle* ». Dans les deux cas, vous allez chercher un peu plus loin que votre premier jugement pour mieux comprendre les motivations, les causes…

Quelles sont les conséquences ?

Citez au minimum trois conséquences et ne vous arrêtez que quand vous avez épuisé toutes les pistes.

Si le problème est « *Je ne supporte pas quand Paul conteste mon autorité* », une des conséquences peut être que « *Je suis déstabilisé* » que vous pouvez encore affiner en : « *Je perds confiance en moi* ».

Elle peut être aussi : « *Les autres suivent son exemple* » ou « *J'ai l'impression de ne plus maîtriser la situation* ».

Dans tous les cas, pour les causes et les conséquences, ne vous imposez aucune censure, le fruit de vos réflexions vous est uniquement destiné. Si vous consignez vos notes sous informatique, vous pouvez protéger votre document à l'aide d'un mot de passe. Restez dans une démarche bienveillante, avec les autres comme avec vous.

Quelles sont les solutions ?

Citez au minimum trois solutions et ne vous arrêtez que quand vous avez épuisé toutes les pistes.

Equilibrez les actions qui impliquent un changement de votre part avec celles qui impliquent un changement de la part des autres. Sachant qu'il est beaucoup plus facile de vous changer vous-même.

Bien sûr, dans le cas évoqué, il se peut que « *Paul doive apprendre à gérer ses frustrations et se rendre compte que contester votre autorité l'empêche de progresser* », mais le plus important est l'action qui va en découler pour vous. Dans le cas présent, une solution peut être « *Je dois discuter avec Paul pour lui expliquer les conséquences de son comportement* » sans oublier au passage les actions qui vous impliquent comme « *Je dois faire davantage confiance à Paul et le contrôler moins* ».

Quelle est la meilleure solution ?

Choisissez la solution qui aura le plus d'impact dans la résolution de votre problème.
Vous pouvez la trouver en pesant le pour et le contre ou plus librement en la visualisant ou en laissant faire votre intuition.
Une fois parvenu à ce stade, votre Inconscient n'oubliera plus les causes et les solutions possibles de votre problème et fera tout pour vous aider à avancer. De votre côté, comme lorsque l'on pose une valise lourde, vous devriez vous sentir plus léger.

Faut-il mettre en œuvre la solution de suite ?

Bien poser un problème, c'est le résoudre à moitié. Rien ne justifie donc d'attendre pour le poser, même si vous ne passez pas à l'acte immédiatement. N'attendez pas que votre souci grossisse. Et comme vous avez fait l'effort d'isoler une solution majeure, ne tardez pas à la mettre en œuvre, votre Inconscient pourrait vous le reprocher.

Chapitre 12
Acceptez

« Donne-moi le courage de changer ce que je peux changer, la sagesse d'accepter ce que je ne peux changer et le discernement de reconnaître l'un de l'autre. »

Empereur Marc Aurèle

Ne pas accepter votre situation est une cause importante de stress et de consommation d'énergie.

Sans vous renier, il peut être utile d'augmenter votre seuil de tolérance, car si vous n'êtes pas responsable de toutes les choses qui vous arrivent, vous l'êtes de la manière dont vous les percevez.

Acceptez ce que vous ne pouvez pas changer

Même si vous pensez que rien n'est impossible et que l'espoir est la dernière chose à perdre, il est préférable d'accepter les situations qui ne peuvent être changées.

Vous vous libérerez alors de certaines frustrations et pourrez aborder différemment votre souci, lui chercher d'autres solutions.

Acceptez les autres

Rien n'est pire que les autres.
Ils ne se comportent en aucun point comme vous le souhaitez et sont une cause majeure de consommation d'énergie.
Ils passent leur temps à faire, de manière angoissante, le contraire de ce que vous voudriez. Vous, en revanche, agissez de manière rationnelle et connaissez les solutions à tout.
En êtes-vous sûr ? Vues d'un autre point du globe, vos manières peuvent paraître malpolies. Et force est de constater que les solutions des autres sont parfois meilleures que les vôtres.

« Si tu juges les gens, tu n'as pas le temps de les aimer. »
Mère Teresa

Alors, acceptez d'être un humain imparfait et, si cela est le cas, cessez de vous croire supérieur, même si ce dogme, qui tire l'homme depuis la nuit de temps, est rassurant.
Inspirez-vous de ce qu'il y a de meilleur chez ceux qui vous entourent, intéressez-vous à eux, partagez leurs passions et leurs réflexions et n'hésitez pas à commencer par vous changer vous-même avant de tenter de changer les autres.

Acceptez-vous

Vous accepter, vous porter attention, c'est vous encourager au jour le jour. C'est vous dire que vous avez bien conscience que le moment et difficile pour vous mais que vous vous soutenez, que vous vous encouragez, que vous vous félicitez même de votre attitude même si elle ne porte pas les fruits souhaités.

Et puis, et ceci aurait pu être la partie la plus importante de ce livre :
(ré)apprenez à vous aimer de manière inconditionnelle. L'amour
inconditionnel est celui d'une mère pour son enfant. Quoi que ce dernier
fasse, il n'est pas remis en question.
La société nous pousse trop à aimer en fonction d'un résultat, d'une
attitude, d'un succès. Aimez-vous sans condition, sans attente et sans
jugement, ni pour vos mauvais côtés, ni pour vos bons. Aimez-vous,
point barre.
Et dites-le-vous, si besoin face au miroir.

Acceptez votre corps

Il se peut que votre corps soit l'objet de votre mépris. Il vous apparaît
trop gros, trop maigre, trop chétif ou trop costaud. Ou, à l'inverse, vous
le trouvez magnifique et il vous donne un sentiment de toute puissance.

Le corps est vecteur d'image

Le corps (que ce soit le vôtre ou celui des autres) est souvent décrypté
avec des codes subtils.

EXEMPLE : DECODAGE DU CORPS

Selon votre culture ou vos croyances, vous pouvez penser que :

- Minceur = contrôle de la nourriture = éducation = beau
- Maigreur = désordre alimentaire = peur = moche
- Rides = vieillesse = has been = mort = peur

Pourtant, vous savez que pour d'autres ou dans certaines sociétés :

- Gros = rassurant = riche = influent = fort
- Rides = savoir = sagesse = autorité = beau

Ce n'est pas ce que vous voyez de votre corps qui le rend beau ou moche à vos yeux mais l'interprétation que vous en faites.

La plupart du temps, les gens ne vous jugent pas sur votre corps, comme vous le faites également. Vous connaissez des gens de grand charme au corps imparfait comme des personnes au corps sublime sans personnalité.

Si vous avez des soucis avec votre corps, vous pouvez en modifier votre perception. Tentez d'éviter pour vous, comme pour les autres, d'interpréter le corps comme un catalogue de signaux.

L'image que vous avez de vous n'est pas forcément celle que voient les autres.

Et si vous leur demandez comment ils vous aiment, il y a de grandes chances que la réponse ne soit pas physique.

Dans tous les cas, ils vous préfèrent heureux…

Car si toute beauté est subjective, une chose est sûre :

- Heureux = beau

Vous n'êtes pas votre corps

Un corps n'a pas d'âme, c'est l'inverse.

Vous auriez pu d'ailleurs naître dans n'importe quel corps. Cela peut vous amener à un certain détachement vis à vis de lui et à un rapport moins émotionnel.

Vous n'êtes pas votre corps, c'est un véhicule.

Vous n'êtes donc pas gros(se) ni maigre car votre esprit ne l'est pas, c'est votre corps qui est en cause. Il sera plus agréable de comprendre que votre corps doit maigrir plutôt que de vous dire que vous devez maigrir, idem pour vous muscler. Vous devez muscler votre corps, pas vous.

Prenez soin de votre corps

Si l'image de votre corps ne doit pas altérer votre esprit, votre esprit ne doit pas non plus altérer votre corps.

Votre corps cristallise vos tensions, vos crispations. Si vous êtes tendu, il l'est aussi. Il subit ce que vous endurez.

Une expression dit : « Qui veut aller loin ménage sa monture ». Le parallèle du corps avec un véhicule ou plus précisément avec une monture, un cheval, est une image utile. Comme cet animal, votre corps a besoin de tous vos égards, d'être entraîné, nourri sainement, sorti, aéré. Je vais peut-être vous choquer, mais comme un animal, il peut avoir besoin d'être caressé, massé et même parfois qu'on lui parle (si, si ☺).

Bref, le soin de votre corps est important dans la gestion de votre stress. Pas seulement dans une démarche consistant à faire du sport à l'arrache, de temps en temps, mais aussi dans une démarche d'amour.

Le corps est le prolongement de votre âme, votre meilleur ami.

On ne s'identifie pas à son ami, mais on prend soin de lui…

EXERCICE : LIBEREZ VOTRE CORPS

Votre corps est sans cesse aux ordres de votre esprit. Vous pouvez lui donner des instants de respiration pour s'exprimer.

Lorsque vous faites du sport, lorsque vous dansez ou à tout autre moment, vous pouvez tenter de débrancher votre tête. Imaginez qu'elle est simplement véhiculée par le corps sans que l'un ne commande l'autre.

Ne cherchez pas à contrôler le corps. Laissez-le libre de ses mouvements, il saura en profiter pour s'exprimer et se défouler et vous en saura gré. Préparez-vous à être parfois surpris de ce qu'il voudra faire et de le sentir parfois comme une personne étrangère à vous.

Astuce : lors de l'exercice, placez si cela vous aide votre regard dans le vague comme lorsque vous rêvassez, tout en le dirigeant vers les endroits où vous devez rester attentifs pour votre sécurité afin que votre inconscient puisse continuer à y veiller.

Acceptez certaines contraintes

Il est possible de voir les corvées ou les tâches quotidiennes à l'aube, non de leur pénibilité, mais de leur finalité.

Faire le ménage participe à soigner votre environnement (voir roue de la vie). Repasser, cuisiner, mettre la table ou faire ses comptes participe à prendre soin des autres et de sa famille.

Cela n'est pas une recette naïve pour tout accepter, mais un petit « twist » de l'esprit pour donner du sens à certaines tâches ou moments contraignants du quotidien et les rendre moins pénibles.

Cessez de râler

Vos journées sont parfois remplies de frustrations. Beaucoup vous sont propres. Certaines personnes, vous le voyez bien, supportent parfaitement des choses qui vous horripilent.

Vos frustrations ont de multiples conséquences

- Elles consomment votre énergie
- Elles consomment l'énergie des autres
- Elles peuvent vous amener à réagir d'une manière incompréhensible pour les gens plus tolérants aux causes de votre frustration

EXERCICE : NOTEZ VOS FRUSTRATIONS LES PLUS FREQUENTES

Prenez un moment pour écrire les choses qui vous agacent le plus fréquemment dans une journée et expliquez pourquoi.

Exemples et raisons de choses qui vous dérangent :

- *Je ne supporte pas les portes de placard mal fermées car elles polluent mon visuel et m'empêchent de me relaxer*
- *Je ne supporte pas les soupirs de mon conjoint car je les interprète comme des reproches*

Que faire pour mieux supporter vos frustrations ?

- *Rejetez en priorité celles qui semblent aux autres sans fondements, subjectives voire incompréhensibles*
- *Repoussez vos limites d'acceptation. Acceptez ce qui vous semble acceptable, sans renier vos valeurs, bien entendu.*
- *Pour le reste, décidez de vous sentir moins impacté émotionnellement*

Ciblez particulièrement les frustrations qui vous sont propres : celles qui touchent à votre manière de réagir et sont relatives à votre histoire ou celles qui contrarient votre emploi du temps.

Il ne s'agit pas d'accepter n'importe quoi, il s'agit d'être moins influencé par le comportement des autres et vos frustrations afin de vivre l'esprit plus léger.

Chapitre 13
Négociez

« *La règle de base en négociation : faire marrer les gens, que ce soit pour les mettre à l'aise ou, au contraire, pour les déconcerter.* »
John Fitzgerald Kennedy

Ne pas obtenir ce que vous désirez ou réussir à dire ce que vous souhaitez est anxiogène.

Vous pouvez minimiser cette frustration en réalisant que vous êtes fréquemment en situation de négociation ainsi qu'en ayant à l'esprit certaines bases de l'art.

Qu'il s'agisse de parler à votre supérieur, à vos partenaires professionnels, à vos collègues ou même à votre famille ou vos amis, la négociation est partout.

Et même si vous n'avez nul besoin de devenir un professionnel de la chose, il est bon d'intégrer quelques notions afin d'éviter la frustration d'une négociation ratée.

Quatre points clef de la négociation

- Mettez-vous à la place de l'autre. Chacun voit les choses depuis sa position. Comprendre celle de votre interlocuteur vous donne davantage de chances de parvenir à un compromis acceptable
- Posez des questions : pourquoi avez-vous peur de ? Pourquoi ne voulez-vous pas… ? Pourquoi pensez-vous que vous devriez obtenir ceci ou cela… ? Plus votre interlocuteur se dévoile, plus il vous livre d'arguments pour défendre vos idées et de temps pour répliquer
- Négociez davantage que ce que vous souhaitez obtenir. Vous permettez ainsi à votre interlocuteur de faire des compromis acceptables. Au lieu d'une demande, vous pourrez par exemple formuler un package de requêtes. Elles ne pourront pas toutes être refusées
- Maniez l'humour (pas l'ironie qui est blessante). Gardez bonne humeur, détente, recul et humour, ce qui montrera à quel point vous maîtrisez la situation. L'humour est une des techniques d'influence sociale les plus efficaces

Un peu plus loin dans la technique

Une fois la négociation assise sur les 4 piliers précédents, vous pouvez aller plus loin.

- Formulez des souhaits raisonnables (les demandes trop hautes vous décrédibilisent, celles trop basses vous dévalorisent)
- Ne tentez pas à tout prix de convaincre l'autre que vous avez raison. Cela peut le frustrer et démontrer un manque d'écoute et de respect. Si votre interlocuteur se met sur la défensive, c'en sera fini de son écoute

- Ayez toujours à l'esprit de faire avancer la négociation et si nécessaire : changez d'axe, imaginez des solutions inédites qui intéresseraient les deux parties, formulez des hypothèses (si je proposais cela, pourriez-vous...)
- Ne montrez pas que vous voulez gagner la négociation contre votre partenaire
- Ne faites pas preuve d'une méfiance excessive. Cette dernière est contagieuse
- Ne vous montrez pas impatient. Les négociations les plus importantes prennent du temps
- Respectez votre interlocuteur et restez en accord avec vous-même. Evitez de le mettre en cause directement (par l'emploi du « tu », par exemple). Tenez-vous en aux conséquences de ses propositions et à ce que vous en ressentez. Les faits doivent prévaloir sur les opinions
- Préparez la négociation. La plupart des négociations se gagnent dans l'anticipation. Sachez ce que vous voulez dire, ce que vous souhaitez obtenir et pourquoi, ainsi que ce que vous êtes prêt à concéder
- Respectez vos engagements. Dans les contreparties que vous proposez à la négociation et les menaces que vous proférez, dites ce que vous allez faire et faites ce que vous dites
- Reformulez. Ecrivez si besoin. Ne laissez aucune zone d'ombre dans le résultat d'une négociation

De manière générale, ne négociez pas par peur et n'ayez pas peur de négocier.

Le stress provient souvent de la différence entre vos objectifs et les moyens que vous estimez avoir pour les atteindre.
Par conséquent, plus vous avez confiance en vous, plus vous réduisez votre stress.

Estimez-vous

Faites-vous facilement confiance aux gens que vous n'estimez pas ou dont vous ne partagez pas les valeurs ?
Non, bien sûr.
De la même manière, avant de vous faire confiance, vous devez vous estimer. L'estime de soi est une condition préalable à la confiance en soi.

Sachez dire non

Par peur de ne pas être aimé ou apprécié, vous avez peut-être tendance à croire que dire oui est plus important que dire non. Ce n'est pas tout à fait vrai.

Bien sûr, les gens autour de vous apprécient le mode collaboratif. Plus vous êtes ouvert à répondre à leurs sollicitations ou besoins, plus cela les arrange. Si vous acceptez tout, votre interlocuteur aura tendance à s'en inquiéter. Qui lui dira s'il se trompe ou s'il y a des éléments qu'il n'a pas pris en compte ? Quel est votre apport dans son processus de réflexion ?

D'autre part, si vous faites sans broncher tout ce qui vous est demandé, vous allez fatalement accepter des choses qui heurtent vos convictions et vos valeurs. Et cela va entamer votre énergie et l'estime que vous avez de vous et vous stresser. De son côté, celui qui vous aura demandé quelque chose percevra nettement que la peur de la controverse vous pousse à ne rien refuser. Il en déduira que vous êtes corvéable à merci et que vous n'avez pas d'estime pour vous… Il pourra donc cesser, lui aussi, d'en avoir à votre égard.

Moralité : dites clairement aux autres, en argumentant, pourquoi vous ne pouvez pas ou ne voulez pas faire telle ou telle chose, sans agressivité, ce qui trahirait une fragilité. Sachez dire non, vous gagnerez l'estime des autres et la vôtre.

Ne cédez pas à la colère

« Colère et intolérance sont les ennemis de la compréhension »

Gandhi

Etes-vous d'un naturel colérique ? Dans ce cas, il y a fort à parier que vos frustrations vous amènent parfois à faire ou dire des choses que vous regrettez et qui ébranlent votre confiance en vous, même si vous êtes satisfait de ne pas vous être laissé faire. La colère envers les autres est souvent une protection voire une colère contre vous. Pour avancer, repérez les moments où vous vous emportez et, avant d'aller plus loin, assurez-vous d'avoir bien compris et jugé la situation.

Apprenez à vous vanter

« Nous sommes tous des vers, mais je crois que je suis un ver luisant »
Winston Churchill

Bien sûr, vous ne savez pas tout faire, vous n'êtes pas expert en tous les domaines et vous commettez de nombreuses erreurs. Mais tout cela n'est rien d'autre que la description d'un être humain classique.
Au lieu de regarder ce qui ne va pas chez vous, passez un peu de temps à remarquer ce qui vous sort du lot. Car c'est précisément sur ces points que les autres vous remarquent.

EXERCICE : LES QUALITES QUI SE LA RACONTENT

Prenez de quoi écrire et notez les qualités et les compétences que vous vous reconnaissez en faisant l'effort de trouver au moins un exemple par vertu. Si vous n'en trouvez pas, ne notez rien. Ne faites pas une description humble de vos points forts, forcez le trait. Lâchez-vous et écrivez des choses qu'en temps normal vous auriez trouvées horriblement présomptueuses. N'ayez crainte, vous êtes entre vous ☺. Décrivez le génie que vous êtes et vous verrez que vous allez découvrir des éléments que votre bienséance habituelle vous empêche de voir. Vous en ressortirez, bien sûr, avec une meilleure estime de vous.

LE C.V. QUI SE LA PETE

Même exercice que le précédent, mais cette fois, au lieu de décrire vos qualités et vos compétences, décrivez votre parcours de vie, professionnel et personnel. Allez-y franco de la même manière et notez à quel point votre parcours est cohérent, prestigieux et couronné de succès.

Enlevez tout ce qui ne vous semble pas faire partie des réussites, même si d'autres pourraient le voir d'un œil différent et ne gardez que ce que vous pensez avoir réalisé avec succès.

Vous en ressortirez, là aussi, plus instruit et en meilleure estime de vous-même. Vous verrez que le chemin accompli est plus grand que vous ne le pensez.

Et tant que vous vous astreignez à ces exercices gratifiants, profitez-en pour vous accorder tout votre amour… vous l'avez mérité ☺.

Gagnez en audace

Si on vous demande ce que vous feriez si vous étiez audacieux, vous risquez d'être intarissable. Vous iriez peut-être dire à untel ses quatres vérités, vous prendriez peut-être davantage de risques et tenteriez quelques coups d'éclat. Cela vous ferait sans doute le plus grand bien, vous mettrait davantage en accord avec vous-même et en estime de vous.

Alors, qu'est-ce qui vous retient vraiment ? Il se peut que rien ne vous attende au-delà de cette vie. Alors que faites-vous ? Pourquoi n'osez-vous pas davantage ?

Sans passer brusquement à un comportement de risque-tout, posez-vous le plus souvent possible la question : « Que ferais-je si j'étais audacieux ? » et le plus souvent possible, faites ce que vous dicte la réponse.

EXERCICE : POUSSEZ L'AUDACE UN CRAN PLUS LOIN

Deux fois par jour, matin et après-midi par exemple, posez-vous ces 2 questions :

- *Comment puis-je surprendre quelqu'un ?*
- *Comment puis-je me surprendre ?*

Que votre réponse mette en œuvre du charme, de l'amour, de l'excellence professionnelle, de l'humour etc.., peu importe. Pas besoin non plus que vous fassiez preuve d'une témérité insensée. Ce qui compte est que vos actions aillent plus loin dans l'audace que ce que vous auriez naturellement fait sans cet exercice. Et comme dans tout processus, si vous le suivez avec régularité, il finira par modifier votre personnalité. L'audace permet un grand pas vers la confiance en soi.

Ayez confiance en vous

Inspirez-vous de vos stratégies gagnantes

Avez-vous déjà remarqué comme vous avez confiance en vous dans certains domaines et pas dans d'autres ?

EXEMPLE

- *Vous êtes à l'aise avec les enfants, pas avec les adultes*
- *Vous savez animer une soirée entre amis mais vous n'arrivez pas à mener une réunion au travail*

Pourtant, réussir dans ces domaines qui peuvent sembler antagonistes fait parfois appel aux mêmes qualités. Vous avez développé, sans parfois vous en rendre compte, des stratégies de succès dans certains départements de votre vie qu'il serait utile d'utiliser ailleurs.

EXERCICE : SACHEZ EXTRAIRE VOS STRATEGIE DE SUCCES

Prenons l'exemple suivant : « Je parviens à gérer mes propres enfants avec naturel ».
Commencez par noter les points forts de votre comportement en famille qui pourraient être :

- *Je reconnais et j'accepte mon autorité sur mes enfants*
- *Je les aime de manière inconditionnelle*
- *Je réagis immédiatement à tout écart de conduite de leur part*
- *Je donne à mes enfants des conseils pour réussir et je leur montre leurs erreurs*
- *Je leur fais confiance*

Prenez maintenant une de vos difficultés qui pourrait se résoudre en mettant en œuvre des qualités proches, par exemple : « J'ai des difficultés à gérer mes collaborateurs ».

Puis, posez-vous la question : combien de ces facteurs de succès dans votre expérience familiale utilisez-vous au travail ? Bien sûr, on ne s'adresse pas à des adultes comme à des enfants, mais ne trouvez-vous pas que certaines méthodes vaudraient le coup d'être dupliquées ?

Répétez autant de fois que possible le transfert de compétences entre un domaine où vous êtes à l'aise et un autre où vous avez besoin de progresser. Vous allez gagner en savoir-faire et en confiance.

10 phrases qui boostent la confiance

1. Je sais qui je suis
2. Je sais ce que je veux
3. Je sais dire non
4. Je vois où je vais (1)
5. Je progresse
6. Je suis libre
7. Je suis ouvert
8. Je sais prendre du recul
9. J'aime affronter les défis
10. J'aime décider

(1) Je visualise le but plutôt que la difficulté du parcours, je vois là où je serai dans 6 mois, un an...

Faites confiance à votre intuition

L'intuition est une pensée beaucoup plus réfléchie qu'elle n'en a l'air.

Sous ses airs d'inspiration divine, l'intuition découle de votre expérience, de votre savoir-faire, de vos capacités de prédiction et d'alerte.

Carl Jung, fondateur de la psychologie analytique, la décrit comme la sagesse de l'expérience au-delà de la simple information disponible pour nos sens.

Ne négligez pas votre capacité à trouver une solution sans l'aide de votre Mental, qui est par nature compliqué, inquiet, soucieux du jugement des autres et lui-même axé sur le jugement. Tant que le Mental est branché et que vous êtes en stress, créativité et intuition sont bloquées.

L'intuition sait. Elle prend en compte plus de facteurs que vous ne pourriez coucher sur un papier si vous tentiez une approche rationnelle de votre problème.

Alors, si vous ne savez pas trancher dans le vif, faites-lui confiance. N'essayez pas de contrôler vos pensées, laissez-les suivre leur cours sans les alimenter. Donnez-vous juste un objectif.

Suivre votre intuition ne sera pas jouer la solution sur un coup de poker mais plutôt vous faire profondément confiance.

Chapitre 15
Démentalisez

« Le trop de quelque chose est le manque de quelque chose »
Proverbe arabe

Cette partie a beaucoup de points communs avec celle du Lâcher-prise page 35.

Elle traite le même sujet d'un autre point de vue. La partie Lâcher-prise visait à vous donner des clefs rapides pour vous séparer d'une pensée ciblée. Elle est placée en début de livre afin de vous donner confiance par des résultats immédiats et vous rendre plus disponible. Cette partie-ci donne une vision plus large.

Le Mental est un système d'alerte

Avant que de pouvoir mettre votre Mental en veilleuse, il est bon d'en apprendre un maximum à son sujet.

Le Mental est à l'origine de certaines de vos pensées, notamment les plus stressantes. Pour faire un parallèle, le Mental est la maladie et le stress le symptôme.

Le Mental analyse tout, en permanence, livre ses jugements et ses conclusions, revit des situations passées et échafaude des scénarios pour l'avenir.

Pour cela, il utilise des faits, des expériences vécues, des préjugés. Pourquoi fait-il cela ? C'est un système d'alerte, il cherche à vous éviter de souffrir.

Quand le Mental pose-t-il problème ?

Pour éviter de vous mettre en péril, il est devenu maître dans l'utilisation du combo attaque/fuite/inhibition de l'action. Il est profondément paranoïaque, lâche, colérique ou paralysant. Il a tendance à tourner en boucle, ressassant sans répit les mêmes analyses et les mêmes conclusions.

Comme lorsque vous mettez la climatisation dans votre voiture, les élucubrations de votre Mental augmentent votre consommation d'énergie. Vous devez à la fois vous mobiliser pour gérer la situation présente et vos débats internes, alternant sans cesse ressassement de choses passées et anticipation de conséquences à venir. Jusqu'à vous rendre à l'extrême imperméable à ce qui se passe autour de vous, aux conversations de vos proches, incapable d'accéder à vos émotions ou à votre intuition.
Jusqu'à consommer toute l'énergie dont vous avez besoin pour gérer… ce que vous devez gérer.

Et non seulement votre Mental analyse et juge sans cesse ce qui se passe autour de vous et vous livre ses conclusions en temps réel, s'acharne à vous faire revire des situations passées de manière souvent plus humiliantes qu'elles ne l'ont été, mais il vous prédit également en permanence des conséquences futures funestes qui, vous l'avez constaté, ne se produisent quasiment jamais.

Pourquoi laissez-vous faire votre Mental ?

Le passé ne peut être changé et rien n'est plus flou que l'avenir. Faut-il être malade ou masochiste pour laisser le Mental naviguer en permanence entre les deux ?

Combien de scénarios improbables, de catastrophes a-t-il imaginés en vain et dont vous n'avez pas vu le début du commencement ? Quelle énergie y avez-vous perdue ? Quel temps avez-vous gâché où vous auriez pu vous reposer ou considérer tranquillement vos problèmes ?

D'autre part, laisseriez-vous un proche juger tout et n'importe quoi, vous alerter et vous inquiéter sur tout et contrôler les réactions de votre corps ?

Et si quelqu'un parlait sans cesse à votre oreille, comment pourriez-vous vous concentrer ? Il vous serait impossible de lire, de retenir, de prendre des décisions. Alors, pourquoi permettez-vous tout cela à votre Mental ?

Sans doute à cause du poids de l'histoire.

Le Mental a aidé vos aïeux à échapper plusieurs fois au pire, en imaginant des catastrophes pour booster leur alerte (dès qu'ils entraient dans une grotte) ou en ressassant de vieilles histoires pour tirer parti de leur expérience (le souvenir d'un prédateur tapi dans l'ombre). De plus, préparer votre esprit à un cataclysme fait passer toute situation normale pour un bonus.

De génération en génération, vos ancêtres ont progressivement laissé les rênes à leur Mental, jusqu'à lui permettre de les contrôler. Les sociétés actuelles, individualistes et analytiques, ont encore renforcé son pouvoir.

Vous-même mettez peut-être rarement ses jugements en doute, par gratitude, ou parce que vous avez le sentiment que de vos réflexions permanentes émanent des conclusions utiles. Et aussi, plus gênant, parce que vous pensez que le Mental est une partie de vous-même et que vous avez naturellement une grande tolérance vis-à-vis de ce qui vient de vous ☺.

Pour poursuivre la réflexion, je vous propose une piste décalée : « Vous n'êtes pas votre Mental ».

Vous n'êtes pas votre Mental

Considérez, pour entrer dans cette réflexion, que votre Mental et votre Conscience sont deux choses différentes.

- La Conscience est l'essence de qui vous êtes, de votre personnalité, de vos émotions. C'est « L'âme », au sens profane comme religieux. Une partie forte, spirituelle et rayonnante de vous-même
- Le Mental, nous venons de le voir, est terre à terre. Il analyse, calcule et vous mobilise en dirigeant vos pensées. Vous pouvez ne le voir que comme un simple système d'alerte, même s'il est très puissant

Heureusement, comme pour la Prise (voir la partie Lâcher-prise page 35), vous pouvez prendre l'habitude de vous observer et décider de reprendre progressivement votre autonomie.

Enfin, partant du principe que vous n'êtes pas votre Mental, des pistes de réflexion s'ouvrent :

- Toutes les pensées qui traversent votre esprit ne sont pas les vôtres
- Dans la gestion d'évènements quotidiens, votre Mental n'est pas toujours bienveillant ni aidant
- Dompter le flot de vos pensées passe par un travail sur votre Mental et ne demande pas à changer qui vous êtes

Comment se libérer du Mental ?

Sachez qu'il est possible de fonctionner sans le brouhaha de vos conversations mentales.

Vous pouvez faire taire ce bruit intérieur désordonné qui vous donne parfois envie de fuir pour le distancer, de vous abrutir de travail ou de toutes sortes de substances.

Et cela afin d'être plus présent à ce que vous faites, plus serein lorsque vous vous retrouvez seul avec vous-même et donc meilleur et plus heureux. Inconsciemment d'ailleurs, les gens branchés sur leur conscience plutôt que leur Mental nous apparaissent plus désirables.

Pour vous libérer du Mental, beaucoup de techniques évoquées dans ce livre peuvent vous aider, notamment celles de la partie Lâcher-prise.

Vous pouvez aussi utiliser l'une des techniques suivantes :

Observez le Mental

Exercez votre vigilance au sortir d'un moment où vous êtes fortement allé dans le Mental.

- Notez comme le temps passé à des discussions internes s'est écoulé rapidement
- Notez comme vous avez été déconnecté du réel
- Notez comme avez répété les mêmes boucles de pensées
- Notez comme peu de solutions sont venues

Vos pensées ne sont pas linéaires, elles s'enchaînent en permanence dans votre esprit dans un semblant de continuité. Le flot des idées agit comme une cascade, tant que vous êtes dessous, vous ne pouvez pas percevoir l'univers extérieur tel qu'il est. Reculez d'un pas et tout se calme.

Il en va de même pour vos pensées, une fois que vous prenez conscience de ce flot, que vous en êtes l'observateur, alors le Mental s'apaise.

Ecoutez la voix

Soyez attentifs à votre voix. Elle parle de vos erreurs passées, juge le monde présent ou s'inquiète du futur et parfois tout en même temps. Rendez-vous compte qu'il est rare que cette voix ait un discours agréable qui vous aide à avancer.
Quand vous repérez une voix qui vous tire vers le bas, faites comme pour la Prise, demandez-lui fermement de se taire.
D'autre part, le Mental s'adresse le plus souvent à vous en parlant. Avez-vous déjà prêté attention à sa voix ?

EXERCICE : ENTENDRE LA VOIX DU MENTAL
Regardez quelque chose et rendez-vous compte que votre voix intérieure s'empresse de vous livrer son jugement. Prenez du recul pour écouter ses conversations sans fin.
Analysez aussi la voix. Est-elle masculine ou féminine ? Quelles sont ses intonations ? A-t-elle un accent ? Est-ce votre voix ou celle de quelqu'un d'autre ? Voyez comme ses accents sont familiers.
Regardez maintenant à nouveau la même chose et efforcez-vous de ne rien entendre. Vous verrez que vous pouvez modifier certains automatismes.

Relativisez

Avez-vous remarqué comme votre Mental vous inquiète de manière différente selon le contexte ?
Une veille de vacances et une veille d'évènement stressant ne vous font pas le même effet. Et cela parce que votre Mental, qui n'est jamais à

l'instant présent, vous estime plus ou moins en danger d'être exposé rapidement à une source de stress.

En observant ce point, vous pouvez apprendre à profiter de ces différents moments de la même manière, davantage centré sur le moment présent que sur vos affres passées ou à venir.

Utilisez les méthodes du Mental

Vous n'êtes pas votre Mental et ce dernier n'hésite pas à grossir le trait pour vous inquiéter et vous pousser à réagir.

S'il n'est pas honnête avec vous, vous êtes autorisé à ne pas l'être avec lui. À l'aube d'une journée mouvementée, persuadez-le qu'elle va être extraordinaire et calme.

Bref, reprenez votre indépendance face au Mental.

Il est précieux d'avoir des personnes autour de vous avec qui partager vos angoisses et vos préoccupations.

Qu'il s'agisse de vos collègues, de vos amis, de votre famille ou de votre conjoint, vous pouvez trouver du réconfort auprès d'eux.

Vous pouvez aussi glisser vos pas dans ceux d'un guide.

Laissez-vous entourer

Une manière facile de renforcer votre énergie est d'aller la chercher chez ceux qui vous apprécient et vous en renvoient. Les autres ont tendance à vous en consommer quand ce n'est pas vous qui aspirez la leur.

Vos amis, les proches qui comptent pour vous, sont un bien infiniment précieux.

Avec eux, vous pouvez être vous-mêmes, agir en connivence, vous distraire, vous sentir valorisé, apprécié, aimé, prendre du plaisir et du recul. Bref, recharger vos batteries.

N'hésitez pas à abuser de leur présence, à faire des gestes pour eux, à leur montrer ou leur dire qu'ils comptent pour vous, à noter les attentions qu'ils ont à votre égard et l'importance qu'ils ont pour vous. Ils peuvent vous amener à sortir de vos pensées, à être plus léger. Comme ils sont bienveillants et vous connaissent, ils savent qui vous êtes, ce que vous ressentez et ce dont vous avez besoin de parler.

Vous pouvez trouver du réconfort auprès d'eux par le simple fait d'exprimer vos sentiments et d'être transparent sur vos difficultés pour leur permettre de mieux vous comprendre.

Leurs conseils sont diversement avisés, mais le fond est toujours bienveillant : ils souhaitent vous aider.

Vivre en société est le meilleur moyen de prouver à votre Mental tenté par l'isolement que les autres ne sont pas vos ennemis, mais d'excellents alliés dans la recherche de votre équilibre.

Trouvez votre guide

Même si vous êtes entouré de personnes sensibles à vos problèmes, il sera délicat de leur parler en permanence de vos soucis, de les solliciter en toutes occasions, de leur faire part de chaque stratégie ou de chaque progrès.

Et vous n'aurez pas toujours envie d'entendre leurs éventuels commentaires ou leurs jugements. Vous pourrez alors avoir besoin d'un guide, de quelqu'un que vous pourrez solliciter à tout moment.

Certains utilisent cette technique de manière intuitive et s'adressent naturellement à un guide invisible qui veille sur eux. Cela les entoure d'une présence qui ne porte pas de jugement, les aime et conseille. Ils peuvent confier leurs états d'âmes et leurs plus intimes progrès.

Si cela vous tente, il convient de choisir la personne la plus apte à vous guider.

Il peut s'agir d'un dieu, d'un personnage inspirant, d'une personne décédée qui a été votre mentor, de votre ange gardien, d'un animal totem, de votre Moi Supérieur ou de toute autre entité en qui vous auriez confiance. Vous n'êtes même pas obligé de croire que cette entité existe vraiment. Vous pouvez tout simplement penser qu'à travers cet allié imaginaire s'exprime votre Inconscient.

Ensuite, même si la démarche paraît étrange, lancez-vous ! Faites-lui confiance. Ressentez la présence de l'entité que vous avez choisie. Vous pouvez lui parler et entendre ses réponses dans votre tête, vous pouvez attendre ses conseils. Dans tout lieu ou moment angoissant, vous pouvez imaginer ou ressentir sa présence bienveillante à vos côtés.
Elle peut aussi vous remplir de joie, vous taquiner, vous faire rire. Elle ne demande rien, n'attend rien et ne juge rien. Bref, n'hésitez pas à suivre le guide !

Même si l'on dit d'une chose aisée qu'elle est aussi simple que respirer, même si cela a été votre premier geste sur terre, si vous passez votre temps à le faire et si c'est vital, vous n'avez peut-être jamais appris à bien le faire.

Pourtant, la respiration joue un rôle important dans la gestion du stress, qu'elle agisse sur la régulation des tensions, le massage des organes ou qu'elle focalise votre attention.

D'ailleurs, que dites-vous à une personne en fort stress ?

« Respire. »

Et que fait-elle ?

Elle inspire un grand coup.

Et après ?

Après rien.

Il est bon de rappeler que « respirer » sous-entend inspiration et expiration. Les deux jouent un rôle d'utilité égale. Si l'inspiration arrache les tensions, l'expiration les évacue.

Alors inspirez, expirez et prenons l'air ensemble ☺.

Comment la respiration peut-elle réguler le stress ?

Une respiration courte et saccadée peut être la réaction à une situation angoissante amenant le corps à accélérer les apports en oxygène pour stimuler sa capacité de réaction.
Elle peut aussi être la conséquence d'une pénibilité physique.
Dans tous les cas, elle traduit une gêne.
Reprendre le contrôle de votre respiration permet d'envoyer un message à votre Mental et à votre corps : « la difficulté est passée », vous pouvez « souffler ».

La respiration abdominale

Il existe deux types de respiration : la respiration thoracique et la respiration abdominale.
Pour savoir laquelle vous utilisez, posez votre main sur votre abdomen lors de l'inspiration. S'il se gonfle et que vous sentez que votre respiration est au niveau du ventre, vous êtes dans la respiration abdominale. À l'inverse, si votre respiration se concentre dans le haut du corps et gonfle principalement la zone des poumons, vous êtes dans la respiration thoracique.
Dans la majorité des cas, et si vous n'avez pas spécifiquement appris l'inverse, vous êtes dans la respiration thoracique.

La respiration abdominale est pourtant meilleure.
Vous l'utilisez, peut-être sans le savoir, dès que vous êtes allongé la nuit. Elle permet de plus amples et de plus faciles inspirations et apports d'oxygène avec moins d'efforts car elle ne nécessite pas de soulever la cage thoracique. Elle facilite, en outre, de plus longues expirations. C'est par excellence la respiration du chanteur ou d'autres disciplines nécessitant de contrôler son souffle comme la trompette, l'apnée etc…

La respiration abdominale possède de nombreuses vertus. Massant largement toute la zone du ventre, elle est incroyablement apaisante. C'est la respiration de la méditation et celle que vous devrez utiliser pour reprendre le contrôle de votre stress, vous calmer, vous détendre ou vous endormir.

EXERCICE : RESPIREZ DE L'ABDOMEN

Posez la main sur votre abdomen et concentrez-vous pour diriger votre respiration au niveau du ventre. Sentez l'air gonfler votre ventre et pousser votre main. Observez comme votre respiration gonfle peu vos poumons. Répétez l'exercice une dizaine de fois.

Sans doute au début aurez-vous du mal à pratiquer la respiration abdominale, tant l'exercice paraît curieux et inefficace. Comme pour toute nouvelle discipline du corps, elle demande un peu de régularité avant de devenir familière.

Respirer en « carré » ou en « rectangle » ?

Respirer de manière abdominale est déjà source de détente.
En marquant des temps de pause dans votre respiration, vous en augmentez les bienfaits. Ces courtes apnées augmentent votre tension et permettent de ralentir davantage les battements de votre cœur lorsque vous expirez comme de rendre plus efficaces les prises d'oxygène à l'inspiration.

La respiration abdominale optimale comprend quatre phases :

1. Inspiration par le nez
2. Blocage de la respiration
3. Expiration par la bouche
4. Blocage de la respiration

On parlera de respiration « en carré » lorsque le nombre de secondes consacré à chacune des quatre phases est égal. Respirer en 4*4, par exemple, sous-entend que vous enchainez quatre phases égales de 4 secondes.

On parlera de respiration « en rectangle » lorsque les temps d'inspiration et d'expiration sont plus longs que ceux de blocage. Une des respirations les plus efficaces, à pratiquer sans modération, est celle de 8*4 :

- 8 secondes d'inspiration
- 4 secondes de blocage
- 8 secondes d'expiration
- 4 secondes de blocage… avant de recommencer.

À votre convenance ou pour débuter, si cela est plus facile, vous pourrez utiliser d'autres rythmes comme 4*2, 6*4 etc…Vous pouvez adopter cette respiration avant une présentation stressante, en méditant, pour vous endormir, pour accroître des performances physiques ou au cours de n'importe quel épisode angoissant nécessitant votre contrôle.

La respiration abdominale est un remède naturel, sans dangers ni effets secondaires à utiliser dès lors que le Mental vous embrouille l'esprit. Vous pouvez la pratiquer en vous isolant ou même au milieu des autres. Elle peut être utilisée sans modération à tout moment de la journée jusqu'à ce qu'elle vous devienne aussi naturelle que… respirer ☺.

Chapitre 18
Faites la paix

« Le pardon ne fait pas oublier le passé mais élargit le futur. »
Paul Boesse

Cette partie du guide propose de faire la paix avec votre passé afin d'y désamorcer les éventuelles tensions qui vous retiendraient d'avancer et favoriseraient votre stress.

Cette partie, comme les autres, ne concerne pas tout le monde. Si elle résonne en vous, par contre, il se peut qu'elle soit importante dans la gestion de vos tensions.
Je vous laisse seul juge de noter ce qu'elle peut vous apporter et si quelqu'un doit vous aider pour avancer.

Pourquoi faire la paix avec votre passé ?

Avez-vous essayé de courir un cent mètre avec un gros sac ?
Depuis le début de ce livre, vous lisez des méthodes pour être plus serein, mais peut-être le faites-vous des valises à la main.

Je m'explique : il se peut que le poids de certains évènements passés appuie encore sur vos épaules et vous empêche de progresser rapidement ou même de vous libérer. Pour ce faire, je vous propose de suivre les trois étapes suivantes :

Etape N°1 : pardonnez-vous

Vous avez, par exemple, comme tout le monde, des épisodes de votre passé que vous aimeriez améliorer. Si vous pouviez retourner dans le temps, vous referiez les choses différemment.
Vous aviez à l'époque, peut-être, de bonnes intentions, mais avec le recul votre comportement vous choque.

Malheureusement, le passé ne peut être changé, seul l'avenir le peut. Cessez de vous traumatiser avec des évènements que vous ne pouvez modifier. Votre esprit frustré va vous demander sans répit d'agir et vous serez dans l'impossibilité de le faire.
Ensuite, prenez conscience du contexte dans lequel vous avez agi. On a souvent tendance à s'accuser sans procès. Replongez en témoin dans les scènes difficiles, en toute bienveillance, sans juger personne et encore moins vous. Agissez comme un avocat. Assurez votre défense face au fait que vous vous reprochez.

Notez le contexte du moment, les personnes qui vous entouraient et leur influence, qui vous étiez à l'époque, quelles étaient vos intentions, quels évènements passés vous avaient contraint etc... Enfin, agissez comme un juge et posez le verdict le plus objectif possible sur vos gestes.

Maintenant, pardonnez-vous sincèrement, les yeux dans les yeux et face à un miroir si vous le jugez nécessaire.
Lâchez vos émotions si vous le pouvez.

Etape N°2 : demandez pardon

Une fois que vous vous êtes pardonné, demandez pardon avec sincérité à ceux que vous avez blessés directement ou même en pensée. Demandez pardon même si vous le faites juste dans votre tête, même à titre posthume, l'autre n'a pas forcément besoin d'être au courant.

Menez si nécessaire des actions pour clore définitivement ce chapitre puis n'y revenez plus, posez définitivement cette valise, même si d'autres aimeraient vous la voir soulever à nouveau.

Etape N°3 : pardonnez

Vous pouvez étendre votre démarche de pardon à ceux qui vous ont manqué de respect, fait du mal, blessé ou contraint volontairement ou non à adopter tel ou tel comportement que vous regrettez.

Même si cela est pénible, utilisez la même démarche d'avocat pour défendre celui ou celle qui vous a touché. Notez le contexte de l'époque, les personnes qui l'entouraient et leur influence, qui il ou elle était à ce moment-là, quelles étaient ses intentions, quels évènements passés l'avaient contraint etc...

Enfin, agissez comme un juge et posez le verdict le plus objectif possible sur ses gestes. Puis, pardonnez-lui ou elle, sincèrement, même à titre posthume. Lâchez vos émotions si vous le pouvez.

Si cela est dur, si vous ne parvenez pas à le faire pour elle ou lui, alors faites-le pour vous. Pardonner à ses geôliers est le moyen de sortir vraiment de prison. Vous avez besoin de poser cette valise pour avancer.

Agissez avec indulgence

Les méthodes proposées sont adaptées à de petites voire de moyennes valises. Selon la taille de celle que vous transportez, la démarche que je vous propose sera plus ou moins facile ou rapide, soyez indulgents avec vous-même et si cela est trop pénible, faites-vous aider.

Chapitre 19
Méditez

« La méditation est l'art majeur de l'être humain. »
Bouddha

La méditation est une des choses les plus importantes que vous puissiez faire pour gagner en sérénité, même si vous ne le croyez pas d'emblée.

Quels sont les effets de la méditation ?

Le cerveau est plastique. Il peut être entraîné, comme un muscle. La méditation, en mettant l'accent sur sa capacité de concentration fait partie de ces entrainements. Les conséquences d'une pratique régulière sont multiples. Au niveau physique, la méditation augmente la concentration de matière grise dans plusieurs régions du cerveau, stimule la production des ondes relaxantes Alpha ou stimulantes Gamma et allongerait même les télomères favorisant votre espérance de vie.
Au niveau psychique, la méditation réduit le niveau de stress, favorise l'équilibre et améliore l'humeur… ce n'est déjà pas mal, non ?

Etes-vous fait pour la méditation ?

Vous ne tenez pas en place ? À peine avez-vous fermé les yeux que vous êtes assailli de préoccupations ? Vous en concluez que la méditation n'est pas pour vous.
En effet, plus votre univers mental est habité de pensées en tout genre, plus l'exercice vous est difficile et plus vous êtes enclin à penser que la méditation n'est pas pour vous.
Pourtant, c'est une certitude : les effets de la méditation sont d'autant plus importants que votre univers mental est dense.
Si c'est le cas, la méditation a été inventée pour vous.

Pourquoi est-ce si difficile de méditer ?

Il faut d'abord briser un préjugé : méditer est techniquement simple. Si vous souhaitez faire tourner vos chakras, voir les auras ou sortir de votre corps, bien sûr il vous faudra de longues années de pratique encadrée. Mais si vous souhaitez juste baisser votre niveau de stress et booster votre humeur, il suffira de parvenir à vous concentrer.

Si la difficulté ne vient pas de la technique, elle vient de votre Mental.
Il se peut que vous soyez mal à l'aise, pour toutes sortes de raisons, avec le fait de vous retrouver seul avec vous-même, de vous lancer dans une démarche introspective ou de faire quelque chose pour vous. N'hésitez pas à vous interroger sur ces schémas de pensée si vous souhaitez les surmonter. A toutes fins utiles, vous pouvez vous aider de la méthode « Poser un problème » page 75.
D'autre part, votre Mental se sent peut-être tellement bien ancré dans votre esprit qu'il vous pollue sans cesse de son brouhaha. Vous l'avez vu, le Mental n'est pas votre ami. Si c'est important pour vous, soyez sûrs que vous trouverez les moyens de le dompter.

Il se peut également que vous souhaitiez des résultats trop rapides là où la démarche de vous accorder quelques instants pour vous est déjà un grand cadeau et une avancée sérieuse. Laissez-vous du temps.

Comment méditer ?

Ci-dessous une méthode simple. Il en existe bien d'autres, plus complexes ou plus traditionnelles, que vous pourrez approfondir.

D'abord, choisissez un lieu où vous ne serez pas dérangé. Si besoin, prévenez votre entourage de votre besoin d'intimité. Ne voyez pas trop grand au début, deux à trois minutes suffiront largement. Mettez un minuteur si besoin.
Le moment de la journée importe peu. Pratiquer le matin peut vous aider à vous calmer avant d'attaquer la journée et le soir à libérer les tensions avant d'aller dormir. À vous de tester.
Adoptez une position confortable, en tailleur ou non. Vous pouvez être sur une chaise, sur un canapé ou sur votre lit. Adoptez une posture digne, le dos droit et le menton légèrement rentré.
Joignez les mains en enchâssant vos pousses, la main gauche autour de votre main droite et posez-les au niveau de votre bas-ventre.
Pratiquez en silence ou avec une musique relaxante.
Vous êtes prêt ☺.

Concentrez-vous sur votre respiration. Soyez conscient de l'air qui rentre et qui sort. Pratiquez une respiration abdominale, de préférence 8*4 si vous êtes à l'aise.
Point barre.

À chaque fois que votre Mental vous soumet un sujet de préoccupation ou que vous vous rendez compte que vous êtes perdu dans vos pensées, recentrez-vous.

Observez vos pensées. Ne les suivez pas, ne leur accordez aucune importance ni aucune confiance, ne les laissez pas vous emporter. Voyez-les comme des nuages qui passent dans le ciel loin de vous.

Si vous êtes distrait, ne portez aucun jugement négatif sur vous, revenez avec le sourire et avec bienveillance sur votre respiration.

Casser le fil de vos pensées peut vous mettre en prise avec vos émotions et vos tensions. Si vous sentez une envie de pleurer, allez-y franco. Abandonnez-vous sans retenue. Vos émotions n'en seront que plus stables par la suite.

Voilà, vous avez les bases pour méditer.

Vous ouvrez la voie à l'élargissement de votre état de conscience afin de modifier vos pensées, émotions et perceptions.

Comment ne pas rater sa séance ?

Je préfère mettre les choses au clair : en méditation, il n'y a rien à réussir, il n'y a donc rien à rater non plus. Méditer, c'est sortir de la notion de performance.

Vous jugerez pourtant – votre Mental adore ça – certaines séances plus gratifiantes que d'autres, notamment celles où vous avez réussi à vous affranchir, au moins temporairement, du torrent d'idées qui vous assaille. Mais cela n'a pas d'importance.

Il n'est pas indispensable que vous ayez trouvé la séance agréable ou utile pour qu'elle vous soit bénéfique ni pour persévérer. Par contre, plus votre pratique est régulière, plus vous en ressentirez les bienfaits. Une pratique quotidienne de cinq à dix minutes est optimale mais c'est à vous de doser, sans vous culpabiliser.

D'autres manières de méditer

Il existe de nombreuses manières de méditer, que vous pourrez apprendre seul ou accompagné. Je n'en relèverai ici que quelques-unes qui m'ont été utiles pour varier les exercices.

Comme dans l'ensemble de cet ouvrage, ces techniques peuvent être alternées. Celle qui marche à un moment ne marche peut-être pas à un autre. Et certaines peuvent ne pas marcher avec vous. À vous d'essayer. Vous pouvez bien-entendu développer vos propres techniques.

Visualisez des images apaisantes

Vous pouvez imaginer, par exemple, une fleur de lys qui s'ouvre à l'inspiration et se ferme à l'expiration ou une chandelle dont la flamme danse au vent ou encore un paysage inspirant etc...

Méditez avec des sons

Vous pouvez mettre en toile de fond de vos pensées, mentalement ou grâce à un appareil, des sons relaxants comme une eau qui coule, un souffle de vent, un bruit de vagues, un chant d'oiseaux, un bruit blanc etc...
Le bruit blanc est un son indéfinissable comme une radio mal réglée qui force votre cerveau à travailler pour le décrypter, ce dernier est donc très occupé et branché sur l'écoute... deux moyens de le couper du stress.

Méditez en pensant à des personnes inspirantes

Vous pouvez songer à des personnes qui vous procurent de l'énergie ou de la joie, comme vos amis, votre conjoint ou votre guide.

Méditez en focalisant sur votre corps

Vous pouvez fixer votre attention tour à tour sur chacune des parties de votre corps en leur demandant mentalement de se détendre.
Exemple : détendre l'un après l'autre chevilles, mollet, cuisses, fesses, ventre, torse, épaules, bras, coudes, mains, cou, visage...

Méditez selon la roue de la vie

Vous pouvez méditer en pensant à différents pans importants pour votre vie, pour votre équilibre, en vous inspirant par exemple de la roue de la vie page 71.

Méditez dans la lumière

En respirant en 8*4 vous pouvez imaginer laisser monter une lumière éblouissante et dorée à l'inspiration, la recevoir au blocage comme une pluie de cristal au milieu du front (le troisième œil) ou en haut de votre crâne (le chakra couronne), la sentir descendre et emplir votre corps à l'expiration et visualiser vos tensions, comme une lumière souillée, sortir par le bas de votre corps au blocage… avant de recommencer.

Suivez des méditations guidées

Certaines applications proposent de guider votre méditation. Par ailleurs, sur Internet, vous trouverez une foule de méditations guidées sur toutes sortes de sujets.

Il existe des centaines d'autres manières de méditer, en considérant simplement la méditation comme la focalisation sur autre chose que vos préoccupations.
L'important est de trouver des techniques qui vous motivent et fonctionnent pour vous.

Méditer, c'est être attentif avec un cœur ouvert.

Chapitre 20

Prenez soin de votre sommeil

« Le sommeil est le paradis de l'esclave. »
Antoine Jobert

Le sommeil est la manière la plus efficace de recharger vos batteries - voir page 44 - et vous connaissez maintenant les conséquences néfastes d'un manque d'énergie.

Dans cette partie, nous allons passer en revue certaines pratiques pour maximiser vos chances de bien dormir ainsi que diverses techniques utilisables en cas d'insomnies.

Mettez toutes les chances de votre côté

Les éléments qui concourent à un sommeil de qualité sont :

- Un coucher à heures régulières
- Un rituel de coucher (lecture, brossage de dents...)
- Un repas léger et sans alcool
- Une chambre propre et aérée
- Une literie de qualité
- Une ambiance sonore paisible
- Un environnement que vous appréciez
- Peu de stress dans la journée qui précède et qui va suivre

Si un grand nombre de ces conditions ne sont pas remplies dans votre environnement de sommeil, vous tenez une partie de vos difficultés.

Agissez sur les symptômes de l'insomnie

Même si vous avez du mal à lâcher-prise, il est heureux d'apprendre que vous y arrivez au moins une fois par jour : lorsque vous vous endormez ! Il se peut toutefois que le sommeil soit difficile à trouver ou à retrouver.

Le Mental aime attaquer la nuit, aux heures où vous pouvez le moins lui échapper, comme par exemple le coucher et le petit matin, où le poids de la journée passée ou l'angoisse de la journée à venir peuvent provoquer un enchaînement de pensées stressantes.
Les techniques suivantes sont à utiliser en cours d'insomnie pour tenter de retrouver les bras de Morphée, ou à défaut un peu de sérénité.

Pensez positif

Cette méthode peut être magique (le jour aussi d'ailleurs). Chaque fois qu'une pensée qui n'est pas purement positive et entraînante se présente à votre esprit, observez-la et tentez d'imprimer l'idée contraire dans votre esprit.
 En clair, si vous vous inquiétez de ne pas arriver à l'heure, imaginez que vous arrivez parfaitement à l'heure, si vous avez peur de vous faire engueuler, imaginez que vous êtes félicités etc.

Observez-vous avec détachement

Dans la même idée que la défusion, le fait de prêter attention à un sentiment pour le désactiver, vous pouvez tout simplement vous observer et commenter mentalement chacun de vos ressentis physiques ou psychologiques.

Faites comme si vous deviez décrire une tierce personne : « il/elle a chaud, ressent des douleurs au dos, est énervé par les bruits de la route, est angoissé par des pensées » etc... Ces commentaires devraient apaiser votre Mental et ne plus lui laisser de place pour s'exprimer.

Plongez dans vos souvenirs

Isolez un souvenir heureux et plein d'énergie. Revivez la scène avec détails. Revoyez les gens, les décors, les lumières, entendez bruits et discussions. Ne faites pas d'efforts, laissez votre esprit inventer ce dont vous ne vous souvenez plus.
Ressentez juste l'ambiance. Bougez, déplacez-vous et regardez les choses sous un angle différent. Sentez votre corps se détendre. Notez les souvenirs qui marchent ainsi que ceux qui pourraient à l'avenir vous aider à varier l'exercice.

Ressentez votre présence

Votre vue, votre odorat, votre ouïe, votre toucher, votre intuition, branchez tous vos sens pour déceler toute trace de vous-mêmes et profitez de votre présence rassurante, aimante et bienveillante.

Faites du bruit dans votre esprit

Pour empêcher votre Mental de tourner en boucle autour des mêmes idées, saturez-le. Faites mentalement du bruit dans votre esprit en répétant les mêmes syllabes en boucle (babababa... etc.) ou en y créant un bruit blanc : un brouillage de son, un son semblable à celui d'une ancienne télé en veille ou d'une radio entre deux stations.

Rajoutez une couche à vos angoisses

Votre Mental vous torture en imaginant les conséquences terribles de telle ou telle action ? Amusez-vous à en rajouter pour le ridiculiser. Imaginez d'autres conséquences encore plus catastrophiques et improbables de vos actions.
Cela vous aidera à relativiser. Votre Mental devra y réfléchir à deux fois avant de vous proposer une nouvelle angoisse.

Ecoutez des sons qui calment

Vous pouvez écouter des musiques douces, des sons de nature, des cloches tibétaines, la liste est longue. Vous pouvez aussi écouter un bruit blanc. Enfin, si vous adhérez à leur philosophie, vous pouvez écouter des sons aptes à synchroniser et équilibrer votre cerveau comme des musiques binaurales ou HemiSync ©.

Ecoutez les sons qui dérangent

Certains bruits vous dérangent la nuit ? Pourtant, il est évident que d'autres non. Le bruit de la mer ou de l'orage, bien que fort, peuvent vous rassurer et vous bercer. Une partie de votre sérénité face au bruit vient donc de votre manière d'interpréter le son, de le qualifier de rassurant ou d'énervant.

Les bruits de la rue vous insupportent ? Tentez de les écouter le plus attentivement possible au lieu de vous en protéger sous un oreiller. Vous allez faire baisser leur pouvoir nocif et, comme vu précédemment, écouter avec concentration bloque les autres pensées.

Agissez

Vous lever est parfois la solution. Si au bout de vingt à trente minutes d'éveil, rien ne vient, vous pouvez vous lever. Quitte à attendre, autant le faire hors du lit qui doit être associé au sommeil. « si l'on se force à rester couché, on ressassera et l'endormissement sera impossible », explique Jacques Taillard, ingénieur de recherche du groupe d'Etude Neuro-psycho-pharmacologique du sommeil et de la somnolence au CNRS.

Parfois, il n'y a pas à tortiller, votre esprit est torturé par l'inaction (rappelez-vous que l'inhibition de l'action lui est infiniment pénible). Il ressasse les conséquences passées ou futures de vos actions et se morfond de ne pas vous voir agir. Dans ce cas, n'hésitez pas à lui donner des gages d'action. Vous pouvez, selon votre degré d'énergie, soit écrire les actions que vous allez mener le lendemain pour avancer dans la résolution de vos soucis, soit poser clairement votre problème (voir page 75).
Et si vous avez la possibilité de faire de suite la chose qui vous occupe l'esprit ou n'importe quoi qui y tende, faites-la. L'action est souvent moins longue à faire que vous ne le pensez.

Message du Mental ou de l'Inconscient ?

Comme votre Mental, votre Inconscient sait que la nuit reste le meilleur moyen de vous joindre. Vous n'y êtes pas absorbé par le flot des tâches journalières et donc plus disponible.
Avant de rendre votre corps malade et dans le but de lui éviter de rentrer à nouveau en contact avec sa source de stress, il peut être tenté de vous toucher à ce moment précis.
Les motivations de votre Inconscient peuvent être assez semblables à celles du Mental.

Il peut chercher, par des réveils nocturnes, à vous mettre en garde contre un comportement qui ne serait pas adéquat, des situations qui vous mettraient en danger ou le poids grandissant de problèmes anciens non réglés. Au contraire du Mental, qui vous montre bien franchement d'où vient la difficulté, l'Inconscient vous transmet juste son intuition. Il vous prévient qu'un problème existe que vous n'avez pas identifié. Et il se peut que la solution ne soit pas celle que vous croyez. Pour remédier à votre problème vous allez devoir mener l'enquête dans votre vie actuelle ou dans votre passé pour identifier les situations ou les souvenirs qui vous mettent mal à l'aise.
Vous pourrez alors modifier votre comportement, votre environnement ou démarrer un travail sur vous.

Angoisses nocturnes

Vous pouvez être assailli, de nuit, par un stress puissant.
Votre Mental emploie alors une technique osée. Il exagère votre inquiétude dans l'espoir que cette peur soit inhibée par la venue d'un cauchemar et qu'un souvenir apaisé remplace votre crainte.

À noter que les suggestions de votre esprit ont parfois la puissance des rêves. Vous êtes alors éveillé mais incapable de vous rendre compte du caractère exagéré ou même complètement fantasque de votre angoisse.
Avant d'utiliser toute technique pour vous calmer ou vous rendormir, vous devez apprendre à repérer le caractère faux de ces pensées et les dénoncer à votre Mental. Si vous n'y parvenez pas de nuit, agissez le lendemain, lorsque vous êtes levé. Faites alors savoir à votre Mental que vous n'êtes pas dupe.
Pour vous convaincre que votre esprit exagère dans la dramaturgie, observez et souvenez-vous.

Vous verrez que l'immense majorité des situations angoissantes imaginées la nuit ne le sont pas vraiment, ne se produisent pas ou se règlent facilement dans la vraie vie.

Pour conclure, si certaines techniques peuvent s'avérer magiques, d'autres fois, au contraire, rien ne fonctionnera.
Soyez indulgent.
Dans ce cas vous pourrez peut-être juste noter que les angoisses de la nuit vous ont préparé à être plus calme dans la journée.

Chapitre 21
Soyez présent

« Il y a deux jours dans l'année où vous ne pouvez rien faire : hier et demain. »
Dalaï Lama

La pleine présence est une notion à démystifier.

Vivre un moment de pleine présence, c'est simplement passer un moment où vous n'êtes pas perdu dans vos pensées, où vous profitez des choses qui s'offrent à vous pour ce qu'elles sont. Un temps, par exemple, où vous ne ressassez pas un évènement passé et où vous n'extrapolez pas de conséquences à venir.

Selon votre schéma mental, ce genre de moment vous est familier ou vous est inconnu. Dans ce dernier cas, vos premiers moments de pleine présence peuvent être magiques. Des minutes passeront sans aucune pensée, aucun mouvement, dans un silence total.

Soyez patient, n'exigez pas que ces instants arrivent trop vite s'ils ne vous sont pas naturels - demandez-leur juste de venir un jour, même pour quelques minutes.

Dans les moments où vous n'êtes pas présent, certains disent que vous êtes « endormi ». Et il se peut que vous dormiez depuis longtemps sans vous en apercevoir, même si votre Inconscient n'est pas dupe. Et cela peut créer un décalage entre vos actes et vous.

Pourquoi êtes-vous si peu présent ?

L'homme naît dans le présent. Les enfants, les animaux, par leur spontanéité, y vivent naturellement. Avec le temps, les responsabilités, vous vous êtes peut-être chargé en préoccupations, ce qui vous a progressivement décalé de l'instant présent.

La pleine présence est une capacité oubliée à exhumer plutôt qu'une capacité nouvelle à développer.

Votre cerveau peut gérer les choses en automatique. Ce pouvoir merveilleux vous permet de conduire, parler et réfléchir en même temps, de mener de front des opérations complexes. Lorsque vous êtes perdu dans vos pensées, votre esprit prend le contrôle du reste de votre vie car il faut bien un pilote dans l'avion et, le temps faisant, vous vous êtes peut-être habitué à cette répartition des tâches.

Quelles sont les conséquences de l'absence ?

Lorsque vous êtes absent, vous ne maîtriserez pas pleinement ce que vous dites ou faites.

Lorsque vous passez le balai sans y prêter attention, vous n'êtes sans doute pas le meilleur balayeur, mais cela a peu de conséquences.

Par contre, si vous parlez alors que votre esprit est saturé de pensées, vous risquez fort de manquer de cohérence, de vous servir de phrases standardisées ou sans affect. Il y a des chances que vous disiez alors ce que vous pensez devoir dire et que vous réagissiez comme vous pensez devoir réagir ou comme vous avez vu d'autres le faire au lieu de suivre votre cœur.

Si en parlant, vous êtes traversé d'inquiétudes, de ressentis passés, d'extrapolations, d'angoisses sur ce que vous dites ou faites, vous passez en mode automatique. Vous laissez la main à votre Mental pour répondre ou agir à votre place et ce que ce dernier dira pourrait ne pas vous plaire et vous placer en décalage avec votre Inconscient.

Sans compter que cela risque de ne pas satisfaire votre interlocuteur, qui n'est en général pas dupe de votre absence.

Enfin, si cette situation est répétée à l'extrême, elle vous épuise. Gérer une foule de choses en même temps consomme votre énergie (comme avec votre téléphone lorsque vous laissez toutes les applications, le Wi-Fi et le Bluetooth ouverts).

Cette focalisation intense sur vos préoccupations vous coupe de ce qui se passe à l'extérieur.

Elle vous gêne pour profiter de vos sensations, d'un coucher de soleil, d'un verre de vin, d'une parole, d'un sourire. Elle vous coupe également de vos sentiments, de votre créativité. Elle vous empêche de gérer précisément ce qui vous préoccupe.

Bref, elle peut vous couper du sentiment jubilatoire de mener votre propre vie et d'en profiter.

Pour toutes ces raisons, il est préférable de vivre au plus près du moment présent.

Quels sont les bienfaits de la pleine-présence ?

La pleine présence est utile dans toutes les situations difficiles à gérer, que ce soit émotionnellement ou physiquement car ces dernières ont tendance à vous enfermer dans votre Mental. La pleine présence vous met en phase avec vous, les autres et votre environnement.

Comment être plus présent ?

> *« Ne demeure pas dans le passé, ne rêve pas de futur,*
> *concentre ton esprit dans le moment présent. »*
> Bouddha

D'abord, il faut vous observer. Si vous êtes absent, il faut vous ramener doucement, avec bienveillance, vers le moment présent.

Vous avez lu, au travers de ce livre, un certain nombre de techniques facilitant la pleine présence – exemple page 28.

La pleine présence est une clef qui ouvre un grand nombre de serrures dans votre vie, mais une clef difficile à obtenir. Vous trouverez ci-dessous quelques techniques pour vous aider à être plus présent. N'hésitez pas à inventer les vôtres.

Ecoutez votre corps

Connectez-vous aux sensations que votre corps vous envoie, sur ses zones de confort ou d'inconfort, sur sa respiration, les battements de son cœur, la douceur de sa peau etc... Tout ce qui vous connecte à lui vous connecte à l'instant présent car votre corps est la seule partie de vous qui y vit en permanence.

Concentrez-vous sur une seule chose

Pour vous forcer à plus de présence agissez en vous concentrant sur une seule chose à la fois qu'il s'agisse de couper des légumes, de suivre une conversation, d'écouter de la musique ou d'admirer la nature en promenade.

Focalisez-vous sur votre interlocuteur

Pour vous inciter à être davantage présent lors d'une conversation, agissez comme si votre interlocuteur était à vos yeux la personne la plus importante au monde. Accordez-lui une attention totale.

Mangez en conscience

Ne mangez pas mécaniquement, ne vous « bourrez » pas de nourriture de manière inconsciente. Mâchez bien et faites-le avec vigilance.

Appréciez les goûts, les textures et les saveurs comme si chaque repas était celui d'un grand chef, comme si chaque boisson était exceptionnelle. Votre repas ne devrait pas se faire en moins de vingt minutes. Imaginez, si cela vous amuse, que vous êtes dégustateur dans un grand restaurant. À noter que pour les chamans, manger lentement est un moyen d'absorber plus complètement l'énergie contenue dans la nourriture.

Vivez comme un paresseux

Pourquoi tout faire rapidement ?
Le temps ne s'écoule pas lentement, c'est sûr, mais pas non plus extrêmement vite. Ajustez-vous à son rythme.
Avez-vous déjà vu bouger un marsupial paresseux ? Ses gestes sont d'une extrême lenteur. Pour goûter à la pleine présence, imitez l'animal. Ralentissez vos gestes et faites les choses deux fois moins vite que vous ne l'auriez fait naturellement.
Les gens autour de vous ne remarqueront sans doute rien, mais cela peut changer beaucoup pour vous.

Soyez attentifs comme un enfant

Avez-vous déjà marché dans la rue avec un enfant ? Avez-vous noté comme ce dernier remarque les nuages, les chats, les oiseaux, et les gens, les grosses dames, les personnes fragiles ? Il vit naturellement au présent. Réappropriez-vous cette faculté.

Collectionnez les beautés de la nature

Quelle que soit la manière dont vous sortez prendre l'air - en marchant ou en courant - ne revenez pas de votre périple sans avoir entendu 3 chants d'oiseau ou vous être extasié sur 3 beaux nuages ou 3 arbres majestueux.

Connectez-vous à la situation

Au bureau, avant un exposé stressant par exemple, sortez de votre peur d'être jugé ou ridicule (d'autant plus que ce dont vous avez peur risque plus de vous arriver – voir page 57) et connectez-vous au moment présent, à l'ambiance de la salle, à l'énergie que vous envoient les participants. Connectez-vous à vos émotions, à la passion qui vous anime sur le sujet.

De manière générale, si vous vous surprenez à ne pas être présent, revenez simplement à l'instant sans culpabilité. Il est tout naturel de s'égarer. Vous échouerez des milliers de fois. Ne soyez pas pressé.
Vivez la quête de pleine présence comme un plaisir et non comme une chose trop sérieuse ☺.

Chapitre 22
Soyez vous-même

« Soyez vous-même, les autres sont déjà pris. »
Oscar Wilde

Ne pas être « vous » entame sensiblement votre confiance et augmente votre niveau de stress.

Pourquoi n'êtes-vous pas toujours vous-même ?

Pour ne pas souffrir.
Les gens, les évènements demandent sans cesse une adaptation de votre part. Une multitude de raisons peuvent alors vous amener à agir d'une manière qui ne vous correspond pas : la peur du conflit, du regard des autres, du jugement, du ridicule, le manque de confiance en vous, la culpabilité etc…

Pourquoi est-ce important d'être soi ?

Ne pas être « vous » peut faciliter la tâche sur l'instant –comme nous l'avons vu en exercice - mais a des effets négatifs à long terme.

Ne pas être franc de manière répétée, jouer un rôle, mimer un sentiment ou un comportement risque de faire tourner en boucle dans votre esprit un programme qui vous répétera inconsciemment mais inlassablement le même message d'erreur : VOUS N'ETES PAS VOUS.

Ce décalage avec vous-même risque d'être insupportable à votre Inconscient. Il peut entrainer une surconsommation d'énergie épuisante, vous amener à tenir des raisonnements et des propos qui vous sont étrangers et vous « endormir ».
D'autre part, vous serez mieux accepté si vous êtes « vous ». Les autres sentent les décalages entre vous et l'image que vous renvoyez et peuvent être tentés d'abuser de vous ou de vous rejeter.

Pouvez-vous plaire à tout le monde ?

Changer de personnalité pour plaire à l'un risque de vous amener à déplaire à l'autre, c'est un cercle vicieux.
De manière générale, réservez davantage votre temps à vous faire aimer des personnes qui vous aiment. Vous maximiserez l'énergie donnée et reçue.
D'autre part, les personnes qui vous apprécient moins peuvent percevoir votre volonté d'être aimé comme une faiblesse et votre attitude peut créer chez elles une dette dont elles ne veulent pas.
Au cours de votre vie, vous passerez sans doute par des phases où vous êtes aimé et d'autres où vous serez incompris.
Restez qui vous êtes. Vous pouvez changer d'axe, oui, mais en gardant votre personnalité et vos valeurs.

Pouvez-vous être parfait ?

Non plus. Pour la bonne raison que personne ne l'est et que la perfection elle-même est subjective.
Certaines de vos manières déplairont forcément.

Oubliez le personnage de Monsieur ou Madame Parfait qui connaît tout, maîtrise tout et ne se trompe jamais. L'énergie que vous allez dépenser à vous faire l'avocat de cette personne que vous n'êtes pas (et qui n'existe pas) peut rendre sourd, fermer des opportunités et vous freiner. Vous avez des singularités, des défauts ? Cela construit votre personnalité. D'ailleurs, vous êtes entouré de gens imparfaits. Vous connaissez tous une personne que vous tenez en grande estime et qui pourtant n'est pas bonne dans tous les domaines. Alors pourquoi ne pas l'accepter chez vous ?

Sans vous dénigrer, commencez par accepter les domaines où vous n'êtes pas parfait, ce qui vous permettra de vivre plus en harmonie avec vous. Et cela fait, pourquoi ne pas échanger avec les autres ? N'hésitez pas à assumer vos points de singularité, voire à les exposer clairement.

EXERCICE : DEVOILEZ VOS FAIBLESSES POUR VOUS RENDRE PLUS FORT

Vous écrivez mal ? Au début d'un exposé devant des inconnus, mettez les pieds dans le plat : « Je vous préviens, j'écris très mal ». Vous allez pouvoir poursuivre votre présentation sans chercher à cacher votre difficulté. Et il y a même des chances que cela vous aide à mieux écrire.

Exposer vos défauts a plusieurs vertus : cela vous libère, donne envie aux gens qui vous entourent d'en faire autant et de vous aider. N'hésitez d'ailleurs pas à le faire avec humour.

Ne laissez pas la critique vous déstabiliser

Les critiques ne doivent pas vous démolir, pas plus que les louanges ne doivent vous emplir d'une fierté exagérée. Vous devez en être témoins et maîtres. Si vous restez détaché, distant et calme, que peuvent vous faire les critiques ? Si vous restez humble, en quoi les louanges peuvent-elles changer votre manière d'agir ? Vous resterez ainsi maître de vous-même.

Libérez votre enfant intérieur

Ne pas être « vous » peut parfois résulter de la peur du regard des autres.
Ce malaise courant fait souvent écho à vos premières années. De trois à sept ans, en effet, vous avez réalisé un grand nombre d'actions (dessin, sport…) pour votre propre plaisir, mais aussi pour les confronter au regard des autres (dont vos parents) et obtenir leur approbation (« ton dessin est très beau, c'est bien »). Ces phases, indispensables, vous ont permis de vous valoriser, de vous situer et de vous socialiser. Pour des raisons propres à l'histoire de chacun, certains adultes poursuivent cette stratégie au-delà de leur majorité et continuent à réaliser un grand nombre d'actions, non pour eux-mêmes, mais pour obtenir l'approbation des autres sous toutes leurs formes (faire plaisir, provoquer l'admiration, ne pas décevoir, ne pas irriter etc…).
La stratégie payante de l'enfance se transforme alors en piège dans lequel l'adulte fond sa personnalité dans celle des autres et vit en permanence dans l'insatisfaction, ne pouvant ni exprimer sa vraie nature, ni contenter tout le monde.
Si cela est votre cas, vous gagnerez à vous séparer de cette partie de vous devenue inutile. La première étape dans ce processus est d'en prendre conscience.
Ensuite, si vous souhaitez aller plus loin pour vous libérer de l'enfant qui est en vous, je vous propose deux techniques. À vous bien sûr, comme d'habitude, d'inventer les vôtres si vous le souhaitez.

Observez-vous

Soyez vigilant aux moments où vous exprimez la personnalité des autres avant la vôtre. Notez ce qui ne vous correspond pas et ce que vous ferez de manière différente la prochaine fois.

Rendez-vous visite

Par la relaxation ou la méditation, vous pouvez rendre visite en pensée à l'enfant qui est en vous. En douceur et en bienveillance, dites-lui combien il a été important dans votre construction et compte encore aujourd'hui dans votre créativité, votre enthousiasme. Demandez-lui ensuite de bien vouloir cesser de phagocyter votre présent et invitez-le à regagner le passé. Répétez si nécessaire.

Au cours d'une autre séance, rendez visite à l'adulte qui est en vous (celui qui prend des décisions logiques, justes, posées), dites-lui combien il est important dans votre vie et rappelez-lui ses grands succès (acheter la maison, recadrer un proche, trouver un job, organiser un évènement…). Invitez-le à prendre la place laissée libre par votre enfant intérieur.

Souvenez-vous de vous

Avec le temps et la maturité, vous avez gagné de nouvelles qualités, mais peut-être en avez-vous oublié certaines. Enfant, adolescent, vous avez peut-être été plus à l'aise dans certains domaines ; facultés que le poids des années vous a fait perdre. Si c'est le cas, souvenez-vous de ces dons et tentez de vous les réapproprier.

Chapitre 23
Ayez un but

L'importance d'avoir un but dans l'existence tient au fonctionnement de votre cerveau : l'attente d'une récompense sécrète davantage de dopamine, l'enzyme du plaisir, que lorsque vous la recevez effectivement. Le plaisir réside souvent dans l'attente, dans l'anticipation d'un but à atteindre. C'est la raison pour laquelle vous consultez sans cesse votre portable ou votre messagerie pour voir si quelqu'un a aimé ce que vous avez posté. Vous prenez du plaisir à anticiper, même davantage qu'à lire vos messages.

N'avez-vous jamais remarqué comme l'idée d'être en vacances vous est agréable alors que parfois, lorsque vous y êtes, vous n'y prenez pas autant de plaisir qu'anticipé ? Il en va de même pour votre vie. Avoir un but, anticiper un objectif à atteindre, nourrir des projets, peut grandement améliorer votre satisfaction. La poursuite du bonheur réside souvent… dans sa poursuite.

Quels buts se donner ?

Des buts proches et lointains.
Des buts très terre à terre et d'autres plus grands.
Des buts qui vous concernent, d'autres qui touchent les autres.
Tout est possible.

Vous pouvez opter pour des buts concrets ou courtermistes comme contenter votre fournisseur, aider votre fils à passer son bac ou régler un conflit…

Vous pouvez vous donner en parallèle des buts plus larges comme « aider les autres », « progresser constamment » ou quelque chose que vous souhaitez accomplir.

Nommer vos buts peut vous permettre de relativiser. Si votre but est de réussir votre vie de famille, le travail devient un moyen d'y arriver, mais pas votre but principal.

Ensuite, sans pression, placez des actions dans l'optique du but à atteindre. Notez les petites victoires qui vont dans le bon sens. Repensez-y souvent, votre Inconscient est très sensible à vos buts. Il fera tout pour les atteindre dès lors qu'ils sont clairement identifiés.

Vous pouvez avoir plusieurs buts, vous pouvez en changer quand vous le désirez, mais la vie est un chemin et vous en empruntez rarement sans savoir où il va. Le vôtre pourrait être mieux guidé, plus motivant et plus haut si vous avez un but.

S'ouvrir aux autres comme but

Vous pouvez choisir comme but de vous ouvrir aux autres.

De nombreuses techniques de cet ouvrage vous demandent de vous observer, de rentrer en vous afin de vous libérer du stress et des dogmes de votre Mental. Toutefois, même si cela peut paraître paradoxal, travailler sur vous de l'intérieur permet de vous ouvrir à l'extérieur.

Moins vous serez prisonnier de vos schémas de pensée, plus vous serez attentif à ce qui se passe autour de vous, plus vous serez ouvert aux autres. Ce cercle vertueux n'aura de cesse que de vous faire progresser.

Quatre stades de développement de la personnalité

Certaines philosophies énoncent que nous sommes sur terre dans un but précis, notamment celui de progresser, que vivre est un travail qu'il faut bien faire. Chacun aurait une mission qui conduit à un but universel, l'amour.
Je vous propose ci-dessous quatre stades de développement de la personnalité. Certains passeront leur existence au même niveau, ce qui n'est pas forcément gênant, et une infime partie seulement des humains parviendront au niveau 4.

Il y a des chances qu'un travail personnel sur votre équilibre vous fasse naturellement monter de niveau.

- Niveau 1 : centré sur votre propre bien-être
- Niveau 2 : centré sur votre réussite au sein d'un collectif
- Niveau 3 : tourné vers la réussite des autres qui amène à votre propre réussite
- Niveau 4 : tourné vers le bien-être de l'humanité

La connaissance de cette échelle peut vous donner envie de la gravir, alors bon voyage et merci d'avoir suivi ce guide !
En espérant qu'il vous donnera envie de le relire et le partager.

SOMMAIRE